This book is dedicated to Barbara Davenport, a constant friend and mentor on my journey with conservation detection dogs. She never hesitates to share insight from her years of working with dogs and people in different environments and situations. She always welcomes new challenges and thinks outside the box to develop solutions. She invites questions, which encourages curiosity and new ideas. Thank you for seeing the potential in Train and for always being that voice in my head that tells me to 'trust your dog'.

While it is impossible to thank the MANY friends and family around the world who are involved with me and Train, there are a few that stand out in connection with to this book.
- ❖ Andrew Haberern, whose love, and support makes everything possible.
- ❖ Linda Haberern, who saw the potential for this book (and others) and used her thoughtful eye to help critique drafts along the way.
- ❖ My family that gives me strength on the roller coaster of life.
- ❖ The many people you will see in photos throughout this book that form our Argentinean family in and out of the field, including my collaborators from Proyecto Zorro Pitoco (Carina Argüelles & Miguel Rinas), the Ministry of Ecology, provincial park guards, field assistants, and landowners.
- ❖ The friends and colleagues that helped push this book to the next level with their thoughtful reviews.

Este libro está ded
mentora constante
de conservación. Nu
de años de trabajo con perros y personas en diferentes
entornos y situaciones. Siempre da la bienvenida a nuevos desafíos y piensa de manera innovadora para encontrar soluciones. Ella invita a hacer preguntas, lo que fomenta la curiosidad y las nuevas ideas. Gracias por ver el potencial de Train y por ser siempre esa voz en mi cabeza que me repite 'confía en tu perro'.

Aunque es imposible dar las gracias a los MUCHOS amigos y familiares de todo el mundo que están relacionados conmigo y con Train, hay algunos que se destacan en relación con este libro.
- ❖ Andrew Haberern, cuyo amor y apoyo hacen que todo sea posible.
- ❖ Linda Haberern, quien vio el potencial de este libro (y otros) y utilizó su atenta mirada reflexiva para ayudar con sus críticas los borradores a lo largo del camino.
- ❖ Mi familia que me da fortaleza en la montaña rusa de la vida.
- ❖ Las muchas personas que verán en las fotos a lo largo de este libro y que forman nuestra familia argentina dentro y fuera del campo, incluidos mis colaboradores del Proyecto Zorro Pitoco (Carina Argüelles y Miguel Rinas), el Ministerio de Ecología, guardaparques provinciales, asistentes de campo y propietarios de tierras.
- ❖ Los amigos y colegas que ayudaron a llevar este libro al siguiente nivel con sus reseñas reflexivas.

The translation for this book was made possible by the hard work of Kathy Blunden and Carina Argüelles. Thank you very much, my dear friends.

While many of the photos were taken by me (KED), there are many by incredible field assistants, including: Juan Pablo Zurano, Nicola Williscroft, Katherina Vizcaychipi, Orlando Escalante, Nicole Selleski, Rosio Schneider, and Matias Piedrabuena.

All of Train's work, and the many aspects of Proyecto Zorro Pitoco, were supported by numerous foundations, including: Palm Beach Zoo Conservation Fund, Conservation, Food, & Health Foundation, National Geographic Society, Eppley Foundation for Research, Chester Zoo Conservation Fund, Ministry of Ecology and Renewable Natural Resources (Posadas, Misiones), University of Missouri – St. Louis Research Award, Jaguar Conservation Fund (Woodland Park Zoo), Paris Zoo, Riverbanks Conservation Support Fund, Kickstarter, Fresno Chaffee Zoo Wildlife Conservation Fund, Phoenix Zoo Conservation & Science Program, Georgia AAZK (American Association of Zoo Keepers), Little Rock Zoo Foundation, Reeder Conservation Endowment Award (Zoo Atlanta), Zoo New England Conservation Committee, Sequoia Park Zoo Quarters for Conservation, Yorkshire Wildlife Park Foundation, and Patagonia Inc.

La traducción de este libro ha sido posible gracias al arduo trabajo de Kathy Blunden y Carina Argüelles. Muchas gracias, mis queridas amigas.

Aunque muchas de las fotografías las tomé yo (KED), muchas otras fueron tomadas por los increíbles asistentes de campo, entre ellos: Juan Pablo Zurano, Nicola Williscroft, Katherina Vizcaychipi, Orlando Escalante, Nicole Selleski, Rosio Schneider y Matías Piedrabuena.

Todo el trabajo de Train, y los muchos aspectos del Proyecto Zorro Pitoco, fueron apoyados por numerosas fundaciones, entre ellas: Fondo de Conservación del Zoológico de Palm Beach, Fundación para la Conservación, la Alimentación y la Salud, Sociedad Geográfica Nacional, Fundación Eppley para la Investigación, Fondo de Conservación del Zoológico de Chester, el Ministerio de Ecología y Recursos Naturales Renovables (Posadas, Misiones), Universidad de Missouri – Premio de Investigación St. Louis, Fondo de Conservación del Jaguar (Zoológico Woodland Park), Zoológico de París, Fondo de Apoyo a la Conservación de Riverbanks, Kickstarter, Fondo de Conservación de Vida Silvestre del Zoológico Fresno Chaffee, Programa de Ciencia y Conservación del Zoológico de Phoenix, Georgia AAZK (Asociación Estadounidense de Guardianes de Zoológicos), Fundación del Zoológico de Little Rock, Premio del Fondo de Conservación Reeder (Zoológico de Atlanta), Comité de Conservación del Zoológico de Nueva Inglaterra, Cuartos para la Conservación Zoológicos del Parque Sequoia y Fundación del Parque de Vida Silvestre de Yorkshire y Patagonia Inc.

Table of Contents:
1 – 'Unwanted'
2 – Proyecto Zorro Pitoco
3 – The power of the nose.
4 – I know I can!
5 – Bring it on!
6 – Let the fun begin!
7 – Every day is a new adventure!
8 – A first for Misiones, Argentina.
9 – Building a biological corridor.
10 – More species, no problem.
11 – Nine species, yes, I can.
12 – Trust = policy changes
13 – A Conservation Hero

Tabla de contenidos:
1 – 'No deseado'
2 – Proyecto Zorro Pitoco
3 – El poder de la nariz.
4 – ¡Sé que puedo!
5 – ¡Adelante!
6 – ¡Que comience la diversión!
7 – ¡Cada día es una nueva aventura!
8 – Una novedad para Misiones, Argentina.
9 – Construir un corredor biológico.
10 – Más especies, no hay problema.
11 – Nueve especies, sí, puedo.
12 – Confianza = cambios de políticas
13 – Un Héroe de la Conservación

1 - 'Unwanted'

Train's beginning was one filled with confusion for him. At two years old he found himself sitting in a cage at a Humane Society in the state of Washington. How he ended up there was most likely not clear to him.

One minute he was living with a family who had probably picked him up as a puppy, and shortly after, he was sitting in a kennel surrounded by many other dogs, strange smells, and lots of noises.

What was going on? What would his future look like? Would he find another family to call his own?

Unfortunately, there were many factors that were working against his odds to get adopted into another family. He was not the cute, fluffy puppy so many people were looking for. Instead, while he was young, he had passed through the puppy phase and was now an adult dog. He was not your small, cuddly lap dog.

1 - 'No deseado'

El comienzo de Train estuvo signado por la confusión. A los dos años se encontró sentado en una jaula en una Sociedad Protectora de Animales en el estado de Washington, EUA. Lo más probable es que él no tuviera claro cómo llegó allí.

En un momento estaba viviendo con una familia, que probablemente lo había recogido cuando era un cachorro y poco después, se encontraba sentado en una perrera rodeado de muchos otros perros, olores extraños y muchos ruidos.

¿Qué estaba pasando? ¿Cuál sería su futuro? ¿Encontraría otra familia a la cual considerar suya?

Desafortunadamente, existían muchos factores que conspiraban contra sus probabilidades de ser adoptado por otra familia. Ya no era el cachorro lindo y peludito que tanta gente estaba buscando. En cambio, siendo joven aun, había superado la etapa de cachorro convirtiéndose en un perro adulto. Ya no era el pequeño y tierno perro faldero.

Instead, he was 75 pounds of muscle. He was not a laid-back, easy-going dog that would be perfect for an apartment or a family that was not very active. He was an energetic dog that needed daily activities to keep him busy and out of trouble.

En cambio, pesaba 34 kg (75 libras) de puro músculo. No era, precisamente, un perro relajado y tranquilo que fuera perfecto para un departamento o una familia no muy activa. Era un perro hiperactivo que necesitaba actividades diarias para mantenerse ocupado y alejado de problemas.

Who would have the right home for him?

¿Quién tendría el hogar adecuado para él?

Train was a Chesapeake Bay Retriever.

Train era un Chesapeake Bay Retriever.

A dog many people seek out from dog breeders and purchase for their amazing ability to push through tough vegetation, cover muddy terrain, and swim, swim, swim.

Un perro que muchos buscan, y compran, en los criaderos de perros por su increíble capacidad para atravesar la vegetación dura, cubrir terrenos fangosos y nadar, nadar, nadar.

Dogs like Train are most often seen as companions to hunters, who use their four-legged partners to retrieve ducks and other water birds near or in water.

Los perros como Train son vistos con mayor frecuencia como compañeros de los cazadores, que usan a sus amigos de cuatro patas para recoger patos y otras aves acuáticas capturadas, cerca o, directamente, en el agua.

It is a breed that is described as very intelligent and very loyal; however, they can have a strong stubborn streak in them. While that stubborn streak is typically just a way of them testing their boundaries and establishing a relationship with their human partner, in many cases it can make people abandon young dogs like Train, as they just do not know what do to with them.

Se trata de una raza que se describe como muy inteligente y leal; sin embargo, pueden ser bastante obstinados. Esta obstinación, que suele ser sólo una forma de probar sus límites y establecer una relación con su pareja humana, en muchos casos, hace que las personas abandonen a perros jóvenes como Train, ya que, simplemente, no saben qué hacer con ellos.

This was Train from head to tail. He was massive in size, including an enormous head and gigantic front feet.

Este era Train, de la cabeza a la cola. Su tamaño era descomunal, su cabeza enorme y sus patas delanteras gigantescas.

When he ran around a yard, one could see his name, Train, was a perfect fit because if he sideswiped you, it was like you were hit by a freight train.

Cuando corría por un patio, se podía ver que su nombre, Train (en castellano, 'Tren'), le sentaba a la perfección porque si te rozaba de lado, era como si te hubiera atropellado un tren de carga.

However, Train had a softer side with his floppy ears and soft ringlets of brown fur all over his body that made him look like a giant teddy bear.

Sin embargo, Train tenía un lado más suave y dulce, sus orejas caídas y sus suaves rizos de pelo marrón por todo el cuerpo, lo hacían parecerse a un oso de peluche gigante.

His eyes were expressive of what he was feeling but also seemed to look deep into the soul of whoever he was with.

Sus ojos expresivos mostraban lo que estaba sintiendo, pero también parecían mirar en lo más profundo del alma de quienquiera que estuviera con él.

Without a doubt, he was a handsome boy, but would that be enough for people to see past his large size, high energy, and slight stubborn streak?
Were these the reasons he was abandoned in the first place?
What would happen if no one adopted him?

Era un chico guapo, aunque ¿sería eso suficiente para que la gente percibiera su nobleza más allá de su gran tamaño, su gran energía y su ligera terquedad?
¿Fueron éstas las razones por las que fue abandonado?
¿Qué pasaría si nadie lo adoptara?

There was one more special characteristic to Train that not all dogs possess. He was obsessed with a play toy. Train's level of drive to play goes beyond what many dogs have. While some dogs love a ball, they can 'take it or leave it' on different days or moods. With Train, a tennis ball would make him stop breathing! He would get laser focus in his eyes and his mind would focus, exclusively, to will the ball into his mouth.

Train tenía otra característica especial que no todos los perros poseen. Se obsesionaba con un juguete. El nivel de afán que Train tenía por jugar superaba ampliamente al que muchos otros perros tienen. Mientras que a algunos perros les atrae jugar con una pelota, digamos que 'pueden tomarla o dejarla' dependiendo del día o de su estado de ánimo. Para Train, una pelota de tenis ¡le quitaba el aliento! Sus ojos se enfocaban como una mira láser y su mente se centraba, exclusivamente, en llevarse la pelota a la boca.

Essentially, when he saw a ball, the world stopped spinning and other things did not matter, it was all about the ball, the ball, and nothing but the ball!

Esencialmente, cuando veía una pelota, el mundo dejaba de girar y las demás cosas ya no le importaban, todo se centraba en la pelota, la pelota, ¡y nada más que la pelota!

Little did Train know that there was a very special lady who was looking for a dog just like him. His high energy was seen as a positive. His obsession with a tennis ball, a necessity. This lady did not see his larger size and muscular build as a negative thing. She also could look past the stubborn streak and see it as something that just needed a little 'direction'.

Train desconocía que existía una señora muy especial que buscaba un perro como él. Su gran energía era vista como algo positivo. Su obsesión por una pelota de tenis, una necesidad. Esta señora no veía su gran tamaño y constitución muscular como algo negativo. Ella también podía ver más allá de su terquedad, sólo era un aspecto que necesitaba algunos 'ajustes'.

This special lady was Barbara Davenport, a Master Canine Trainer, with the Washington State Department of Corrections, U.S.A.

Esta mujer tan especial era Bárbara Davenport, una entrenadora canina del Departamento Correccional del Estado de Washington, EE. UU.

Barbara had decades of experience working with numerous rescue dogs that came in all shapes, sizes, and breeds. Many of these dogs, just like Train, had been marked as 'unadoptable' for various reasons. However, Barbara had found a way to take these dogs that were deemed 'unwanted' and give them a second chance at life. A job in life.

Bárbara llevaba décadas de experiencia trabajando con numerosos perros de rescate, de todas las formas, tamaños y razas. Muchos de estos perros, al igual que Train, habían sido señalados, como 'no adoptables', por diversas razones. Sin embargo, Bárbara había encontrado la manera de acoger a estos perros, considerados 'no deseados', y darles una segunda oportunidad en la vida. Una misión en la vida.

Specifically, drug detection dogs for various branches of the Washington Police. These dogs would be paired with a police officer, go through an intensive course to learn how to be drug detection dogs, and finish with a graduation that certified them to work side-by-side with their police officer as a career.

Específicamente, esta misión era convertirse en perros detectores de drogas para varios sectores de la Policía de Washington. Estos perros serían asignados a un oficial de policía, pasarían por un curso intensivo para aprender a ser perros detectores de drogas y terminarían con una graduación, que los certificaría para trabajar, codo a codo, con su oficial de policía.

That is a win-win for all!

¡Todos salían ganando!

So, off to school Train went. He was quick to learn the game: 'Find the odor that they want you to find, and you get your ball as a reward'. Yes! The ball, the ball, the ball, which equaled fun, fun, and more fun! Train's play drive was perfect for this. His size was not an issue. Even his slight stubborn streak worked itself out when he had something to focus on.

Así que Train fue a la escuela. Aprendió rápidamente en qué consistía el juego: 'Encuentra el olor que quieren que encuentres, y te dan la pelota como recompensa'. ¡Sí! La pelota, la pelota, la tan ansiada pelota, ¡lo que equivalía a diversión, diversión, y más diversión! El impulso de Train por jugar era perfecto para esto. Su tamaño no era un problema. Incluso su ligera terquedad se resolvía por sí sola cuando tenía algo en qué concentrarse.

However, there was one issue. His energy level was enormous. So much so that performing detailed searches in small areas was a challenge for him. Dialing back that energy to slow down and search every square inch of an area took the fun out of the game and was just not something that he enjoyed.

Sin embargo, había un problema: su nivel de energía era enorme. Tanto es así que realizar búsquedas detalladas en áreas pequeñas era un desafío para él. Disminuir y controlar esa energía para ir más despacio, y buscar en cada centímetro cuadrado de una zona, le quitaba diversión al juego y simplemente no era algo que disfrutara.

The result. Train failed not one, not two, but three different drug courses. He was just not meant to be a drug detection dog.

El resultado. Train reprobó no uno, ni dos, sino tres cursos diferentes de drogas. Simplemente no estaba destinado a ser un perro detector de drogas.

But what did this mean for his future? If he could not be adopted by a family and could not work for the police, what were his other options?
Were there other options?
What would the future for Train hold?

Pero ¿qué impacto tenía esto en su futuro? Si no podía ser adoptado por una familia y no podía trabajar para la policía, ¿qué otras opciones tenía?
¿Había otras opciones?
¿Qué le depararía el futuro a Train?

2 – Proyecto Zorro Pitoco | 2 – Proyecto Zorro Pitoco

Right about the time that Train was failing out of his third drug course, Dr. Karen DeMatteo was getting ready to start a new phase of Proyecto Zorro Pitoco, also known as the Bush Dog Project, in Misiones, Argentina.

Justo en el momento en el que Train fallaba en su tercer curso de drogas, la Dra. Karen DeMatteo se preparaba para comenzar una nueva fase del Proyecto Zorro Pitoco, también conocido como el Proyecto Bush Dog, en Misiones, Argentina.

The province of Misiones is tiny! In fact, it occupies less than 1% of the total area of Argentina. Most people probably, when they look at a map of South America, do not even notice this little piece of land in the northeast corner of Argentina, between the countries of Paraguay and Brazil.

¡La provincia de Misiones es pequeñita! De hecho, ocupa menos del 1% de la superficie total de Argentina. La mayoría de la gente probablemente, cuando miran un mapa de América del Sur, ni siquiera se da cuenta de este pequeño pedazo de tierra en la esquina noreste de Argentina, entre los países de Paraguay y Brasil.

But many may have heard of Iguazú Falls, which is the largest waterfall system in the world, stretching almost 2 miles along the Iguazú River at the border of Misiones and Brazil. Even though Misiones is small, it was named the National Capital of Biodiversity for Argentina, which recognizes it contains more than 50% of Argentina's biodiversity.

Pero es posible que muchos hayan oído hablar de las Cataratas del Iguazú, que son el sistema de cascadas más grande del mundo y se extienden casi 3 kilómetros (2 millas) a lo largo del río Iguazú en la frontera de Misiones y Brasil. Aunque Misiones es pequeña, fue nombrada Capital Nacional de la Biodiversidad de Argentina, lo que reconoce que contiene más de 50% de la biodiversidad de Argentina.

How is that possible?
Such a small place, with so much life in it?

¿Cómo es eso posible?
¿Un lugar tan pequeño, con tanta vida en él?

Atlantic Forest.

In fact, Misiones contains one of the largest remaining tracts or pieces of Atlantic Forest about the size of the state of Connecticut, U.S.A. (approximately 3.5 million acres). This forest is so special it is considered one of the world's 'biodiversity hotspots', which reflects the fact that it contains A LOT of plants and animals found nowhere else in the world.

Selva Atlántica.

De hecho, Misiones contiene una de las mayores extensiones o trozos restantes de Bosque Atlántico, aproximadamente del tamaño del estado de Connecticut, EE. UU. (aproximadamente 1,4 millones de hectáreas). Este bosque es tan especial que se considera uno de los 'puntos calientes de biodiversidad' del mundo, lo que refleja el hecho de que contiene MUCHAS plantas y animales que no se encuentran en ningún otro lugar del mundo.

HOWEVER, this designation also means that all this incredible biodiversity is threatened by the presence of humans. In fact, only 15% of the original area historically occupied by this unique forest still exists, with 85% of it cut down or deforested, which threatens the species that depend on it with extinction.

SIN EMBARGO, esta designación también significa que toda esta increíble biodiversidad está amenazada por la presencia de humanos. De hecho, sólo existe un 15% de la superficie original históricamente ocupada por este bosque único, con un 85% talado o deforestado, lo que amenaza de extinción a las especies que dependen de él.

In Misiones, about half of the Atlantic Forest is found in a series of protected areas that vary in size. Many are isolated and at risk of becoming islands of forest surrounded by a mix of human-modified landscapes where the forest has been eliminated, including monoculture plantations of pine and eucalyptus grown for paper and wood, shrub agriculture that generates black tea and yerba mate, pastures for cows and sheep, and human settlements of varying size.

En Misiones, cerca de la mitad de la Mata Atlántica se encuentra en una serie de áreas protegidas que varían en tamaño. Muchas están aisladas y en riesgo de convertirse en islas de bosque rodeadas por una mezcla de paisajes modificados por el hombre donde el bosque ha sido eliminado, incluiyendo plantaciones de monocultivos de pino y eucalipto para papel y madera, agricultura de arbustos que generan té negro y yerba mate, pastos para vacas y ovejas, y asentamientos humanos de diferente tamaño.

The impact of humans is also seen through a network of roads that crisscross the province of Misiones.

El impacto del ser humano también se ve a través de una red de rutas que atraviesan la provincia de Misiones.

How are animals moving between these protected areas and navigating all this human-modified habitat?
What do these changes in landscape mean for the long-term survival of species that need large areas to survive?
What does the future hold for the incredible biodiversity of Misiones?

¿Cómo se mueven los animales entre estas áreas protegidas y navegan por todo este hábitat modificado por humanos?
¿Qué significan estos cambios en el paisaje para la supervivencia a largo plazo de especies que necesitan grandes superficies para sobrevivir?
¿Qué le depara el futuro a la increíble biodiversidad de Misiones?

Unfortunately, this type of situation is not unique to Misiones, Argentina. There are many areas all around the world where the expansion of humans out of cities and into remote areas threatens the plants and animals that are normally found there.

Lamentablemente, este tipo de situación no es exclusiva de Misiones, Argentina. Existen muchas áreas en todo el mundo donde la expansión humana fuera de las ciudades hacia áreas remotas amenaza las plantas y animales que normalmente se encuentran allí.

The challenge that faced Proyecto Zorro Pitoco, was how could they study a variety of species across an enormous area that included different types of vegetation, degrees of habitat protection, and proximity to humans?

El desafío que enfrentó el Proyecto Zorro Pitoco fue ¿cómo poder estudiar una variedad de especies en un área enorme que incluye diferentes tipos de vegetación, de grados de protección del hábitat y proximidad a los humanos?

Proyecto Zorro Pitoco had to find a way to understand how animals were using the landscape across Misiones, Argentina. They had to find a way to 'capture' evidence of species presence in the different habitat types.

El Proyecto Zorro Pitoco tenía que encontrar una manera de comprender cómo los animales utilizaban el paisaje en Misiones, Argentina. Tenían que encontrar una manera de 'capturar' evidencia de la presencia de especies en los diferentes tipos de hábitat.

But how?
Physically capturing a variety of species over such a large area would be extremely expensive, require a lot of time, and may not work with all species.
So, what other options did the team have?

¿Pero cómo?
La captura física de una variedad de especies en un área tan grande sería extremadamente costosa, requeriría mucho tiempo y puede que no funcione con todas las especies.
Entonces, ¿qué otras opciones tenía el equipo?

Camera traps are one technique that other groups in the region had used. This involves placing a camera equipped with a motion sensor in areas where one is trying to determine whether species are present. When an animal moves in front of the camera, the motion sensor is automatically triggered, and evidence of the species presence is 'captured' in a photo.

Las cámaras trampa son una técnica que habían utilizado otros grupos de la región. Esto implica colocar una cámara equipada con un sensor de movimiento en áreas donde se intenta determinar si las especies están presentes. Cuando un animal se mueve delante de la cámara, el sensor de movimiento se activa automáticamente y la evidencia de la presencia de la especie se 'captura' en una foto.

Camera traps have been shown to be very effective at capturing the presence of some animals living in an area; however, studies have shown some species will avoid areas where cameras are placed, like along roads or in open areas. This means that some species may be living in the area with no photos ever capturing their presence.

Las cámaras trampa son una forma muy eficaz de captar la presencia de algunos animales que viven en un área; sin embargo, los estudios han demostrado que algunas especies evitan las áreas donde se colocan cámaras, como a lo largo de las rutas o áreas abiertas. Esto significa que algunas especies pueden estar viviendo en el área sin que las fotos capturen alguna vez su presencia.

In other cases, photos from camera traps cannot always allow researchers to say how many individuals are in those photos or what sex those individuals are. This is true of species that do not have any unique markings or characteristics to separate individuals or sexes.

En otros casos, las fotos de cámaras trampa no siempre permiten a los investigadores definir cuántos individuos aparecen en esas fotos o de qué sexo son. Esto ocurre con las especies que no tienen marcas o características únicas para separar individuos o sexos.

For example, if the animals are one color with no spots or both sexes are the same size, this can mean researchers cannot tell if there is one puma in 10 different photos or 10 different pumas. It cannot tell you if there are all males, if all female, or if an equal number of males and females.

Por ejemplo, si los animales son de un color, carecen de manchas, o ambos sexos tienen el mismo tamaño, esto puede significar que los investigadores no podrán definir si hay un puma en 10 fotos diferentes o 10 pumas diferentes. No podrán afirmar si son todos machos, si todas hembras o un número igual de machos y hembras.

All of which can influence a management plan.

Todo lo cual puede influir en la generación de un plan de manejo.

Finally, using camera traps outside of a protected areas in Misiones, Argentina can be difficult due to theft or intentional damage of the equipment by people illegally hunting wildlife. Knowing how an animal moves outside of protected areas is essential to conserving it.

Por último, el uso de cámaras trampa fuera de un área protegida en Misiones, Argentina, puede ser difícil debido al robo o daño intencional del equipo por parte de personas que cazan ilegalmente fauna silvestre. Saber cómo se desplaza un animal fuera de las zonas protegidas es esencial para conservarlo.

So, Proyecto Zorro Pitoco thought maybe they could switch things up. Instead of trying to attract an animal to a specific location to 'capture' its presence in a trap or a photo, why not look for evidence that all animals leave behind in their daily movement?

Entonces, el Proyecto Zorro Pitoco pensó que tal vez podrían cambiar las cosas. En lugar de intentar atraer a un animal a un lugar específico para 'captar' su presencia en una trampa o una foto, ¿por qué no buscar evidencia que todos los animales dejan en su movimiento diario?

Scat, another word for feces or poop from wild animals.

Heces o caca de animales salvajes.

The team knew if they could find the scat, it was a little box of secrets that could reveal so much about the animal that left it behind. While many studies use scat to learn what an animal eats, the project wanted to go beyond this.

El equipo sabía que, si podían encontrar las heces, sería una pequeña caja de secretos que podría revelar mucho sobre el animal que las dejó atrás. Aunque muchos estudios utilizan heces, para saber qué come un animal, el proyecto quería ir más allá.

Karen knew that in the lab she could take samples of the mucus on the outside of the scats, which were cells from the intestinal lining of the species that left the scat. These cells contain several types of DNA (Deoxyribonucleic Acid) or the molecule that contains genetic information from the scat's donor, or that animal that left the scat behind.

Karen sabía que en el laboratorio podía tomar muestras del moco del exterior de las heces, que eran células del epitelio intestinal de las especies que habían dejado esas cacas. Estas células contienen varios tipos de ADN (Ácido desoxirribonucleico) o la molécula que contiene información genética del donante de las heces, o del animal que dejó las heces.

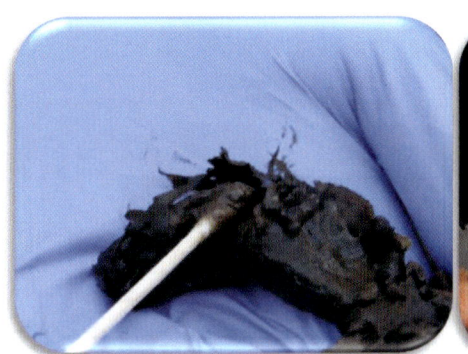  

DNA is the super tiny material in all living things that defines how an organism will look and function, with each piece of information or trait (e.g., eye color) being stored on a different portion of DNA or gene.

 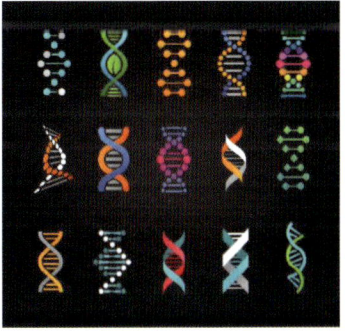

El ADN es el material súper pequeño en todos los seres vivos que define cómo se verá y funcionará un organismo, y cada pieza de información o rasgo (por ejemplo, el color de ojos) se almacena en una porción diferente de ADN o gen.

This DNA can be amplified in different ways using genetic primers (short sequences of synthetic DNA), which would allow the team to learn A LOT about the donor animal. Things like which samples were from which species, how many individuals that the samples represented, and the sexes of those different individuals.

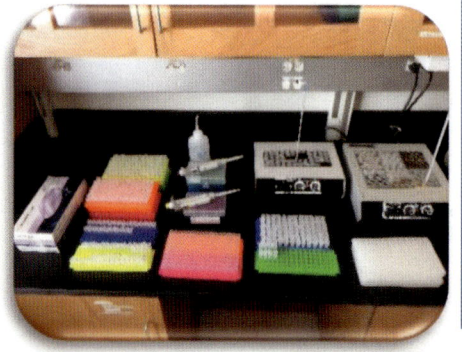

Luego, este ADN se puede amplificar de diferentes maneras utilizando cebadores genéticos (cortas secuencias de ADN sintético), lo que permitiría al equipo aprender MUCHO sobre el animal donante. Cosas tales como qué muestras eran de qué especie, cuántos individuos representaban esas muestras y los sexos de esos diferentes individuos.

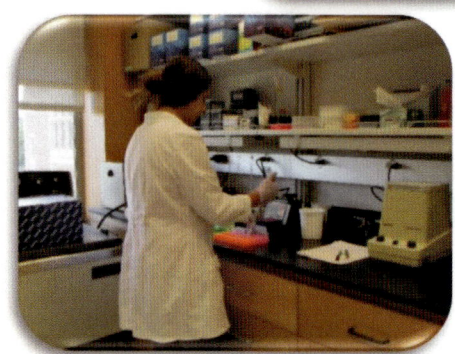 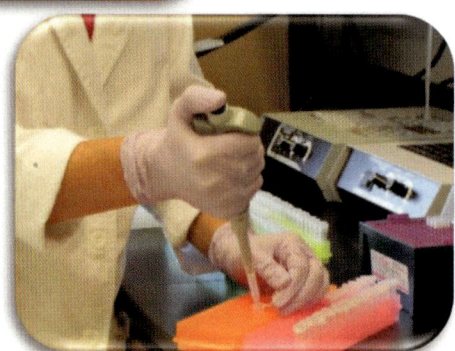

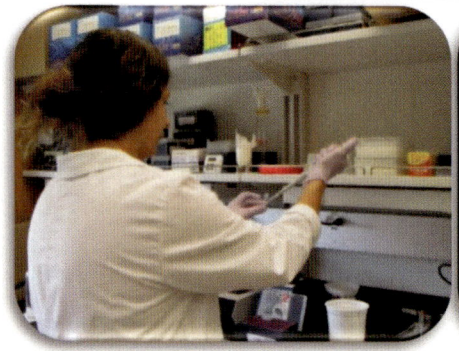 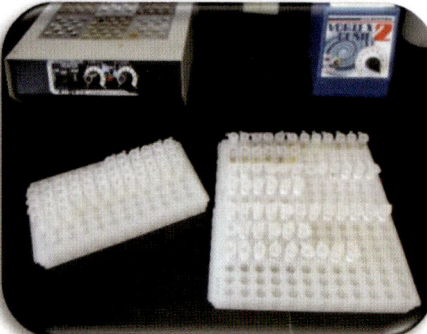 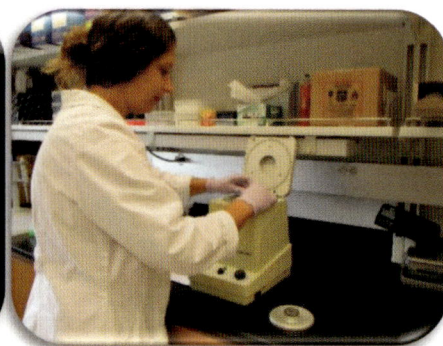

Not all samples could go to the finest scale, which is the sex of individuals, but the majority could, which meant the team could look at the data on multiple levels.

No todas las muestras podían llegar a la escala más fina el sexo de los individuos, pero sí la mayoría, lo que significaba que el equipo podía analizar los datos a múltiples niveles.

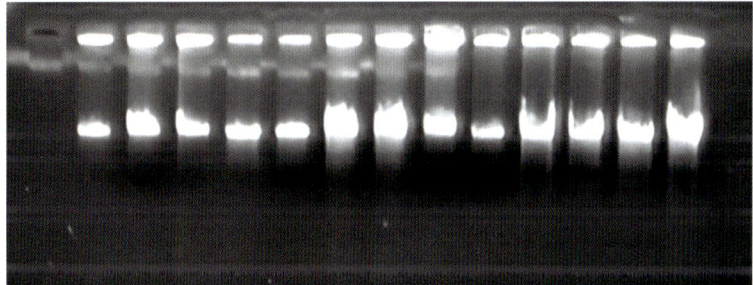

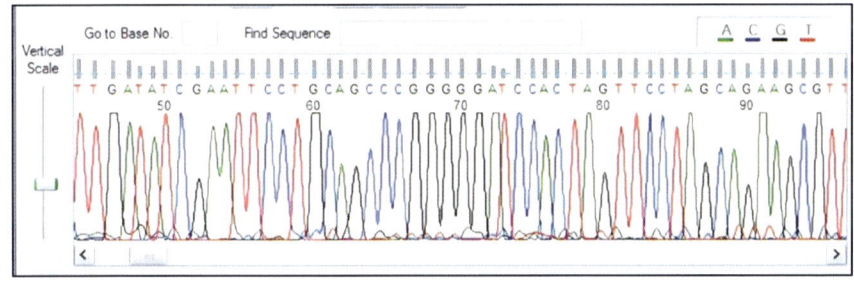

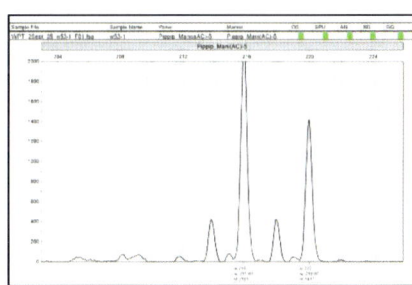

For example, how did different species use the landscape?
Was there certain species that avoided areas that were fragmented, outside of protected areas, or near people?
Were there species that were unique in their use of habitats?
Were there species that overlapped in their habitat preferences? Was it possible to capture multiple samples from individuals?
Was there a bias or skew in the proportion of males versus females for different species?
Did different sexes use variation across the landscape differently?

Por ejemplo, responder ¿cómo utilizan el paisaje las diferentes especies?
¿Existen ciertas especies que evitan las áreas fragmentadas, fuera de las áreas protegidas o cerca de las personas?
¿Existen especies únicas en el uso de los hábitats?
¿Existen especies que coinciden en sus preferencias de uso de hábitat?
¿Es posible capturar múltiples muestras de individuos?
¿Existe sesgo en la proporción de machos frente a hembras en las diferentes especies?
¿Los diferentes sexos utilizan de forma diferente las variaciones del paisaje?

Wow, so much information from scat!, something left behind by an animal on its daily movements.

Vaya, ¡tanta información procedente de excrementos!, algo que deja un animal en sus movimientos diarios.

But..., how do you find the scat from a variety of species across an enormous area that included different habitat types, degrees of habitat protection, and proximity to humans?

Pero..., ¿cómo se pueden encontrar excrementos de una variedad de especies en un área enorme que incluye diferentes tipos de hábitat, grados de protección del hábitat y proximidad a los humanos?

3 – The power of the nose.

3 – El poder de la nariz.

Prior to Proyecto Zorro Pitoco, people had looked for scats with their eyes, but this only found the scats that were obvious along roads or trails.

Antes del Proyecto Zorro Pitoco, la gente buscaba heces con la vista, pero esto solo les permitía encontrar aquellas heces que eran evidentes a lo largo de los caminos o senderos.

It did not find those located off the trail, hidden in the grass, or hard to see.

No era posible encontrar aquellas ubicadas fuera del sendero, ocultos en la hierba difíciles de ver.

These scats were great, but they were limited in number and even more of an issue, potentially skewed or biased in the species, number of individuals, and sex of those individuals they represented.

Aquellas heces estaban muy bien, pero su número era limitado y, lo que era aún más problemático, podían estar sesgados en cuanto a la especie, el número de individuos y el sexo de los individuos que las depositaban.

For example, it could mean species, such as the bush dog, that seem to avoid walking along roads where much larger carnivores frequented, would be marked as absent in an area where they were living.

Por ejemplo, podría significar que las especies, como el zorro pitoco, que parecen evitar caminar por lugares frecuentados por carnívoros mucho más grandes, serían marcados como ausentes en un área donde realmente viven.

Similarly, it could mean that individuals, such as those that were less dominant or juveniles, that seem to avoid walking along roads used by larger or more dominant individuals, would be marked as not living in that area or using that habitat type. It could mean that individuals of a specific sex, such as females, that might avoid roads occupied by males, might appear to exist at a lower density then reality.

Del mismo modo, podría significar que los individuos, como los que eran menos dominantes o juveniles, que parecen evitar caminar por zonas utilizadas por individuos más grandes o dominantes, serían marcados como inexistentes en esa área o que no usan ese tipo de hábitat. Podría significar que los individuos de un sexo específico, como las hembras, evitan el uso de los senderos por donde transitan machos, podría parecer que existen en una densidad más baja que la real.

All of this could mean that people might develop inaccurate or incomplete conservation strategies because they failed to capture the breadth of a species' needs, the types of habitats species occupy, or the state of the current population.

Todo esto podría significar que la gente desarrolle estrategias de conservación imprecisas o incompletas por no haber logrado capturar la amplitud de las necesidades de una especie, los tipos de hábitats que ocupan esas especies o el estado actual de las poblaciones.

What other options were out there? How could Proyecto Zorro Pitoco help to preserve this incredible piece of Atlantic Forest and all the unique biodiversity it contained?

¿Qué otras opciones existían? ¿Cómo podría el Proyecto Zorro Pitoco ayudar a preservar este increíble pedazo de Mata Atlántica y toda la biodiversidad única que conteniene?

This area needed action now, as the ongoing human expansion was putting the long-term survival of its wildlife in jeopardy.

Esta área necesitaba acción ahora, ya que la expansión humana en curso estaba poniendo en peligro la supervivencia a largo plazo de su vida silvestre.

Karen had learned about a 'new' technique through presentations at scientific conferences and published articles. There were biologists using the incredible nose of domestic dogs, which are about 100,000x better than humans, to collect data to answer the same types of conservation questions that Proyecto Zorro Pitoco was faced with.

Karen había aprendido sobre una 'nueva' técnica a través de presentaciones en conferencias científicas y artículos publicados. Había biólogos que utilizaban el increíble olfato de los perros domésticos, que es unas 100.000 veces mejores que el de los humanos, para recopilar datos que respondieran al mismo tipo de preguntas sobre conservación a las que se enfrentaba el Proyecto Zorro Pitoco.

The concept was nothing new, as military and law enforcement agencies have been using detection dogs for decades.

El concepto no era nada nuevo, ya que las agencias militares y policiales han estado utilizando perros detectores durante décadas.

Yes, this includes drug detection dogs, that job Train had failed three different times due to his extreme energy!

¡Sí, esto incluye perros detectores de drogas, ¡ese trabajo que Train había fallado tres veces debido a su extrema energía!

Biologists just switched the odor they want the detection dog to find to include things like rare animal and plants, invasive species, evidence of disease, and scat.

Los biólogos simplemente cambiaron el olor desean que el perro detector encuentre, para incluir cosas como animales y plantas raros, especies invasoras, evidencia de enfermedades y heces.

Yes, scat!
It was clear, Proyecto Zorro Pitoco needed a conservation detection dog to help them answer their questions but not just any dog would do!

¡Sí, caca!
Estaba claro que el Proyecto Zorro Pitoco necesitaba un perro detector de conservación que les ayudara a responder sus preguntas, pero ¡no cualquier perro serviría!

This project needed a conservation detection dog that could cover a large area during daily surveys, with terrain that was varied and tough.

Este proyecto necesitaba un perro detector de conservación que pudiera cubrir una gran superficie de territorio durante las jornadas de trabajo, por terrenos variados y difíciles.

The dog would need to be able to search through dense Interior Atlantic Forest, plantations of pine trees, and large expanses of land planted with agricultural shrubs.

El perro debería ser capaz de buscar a través del denso monte de la Mata Atlántica Interior, plantaciones de pinos y grandes extensiones de tierra con cultivos agrícolas.

In addition, the dog needed to be able to work through pastures with farm animals and areas near humans.

Asimismo, el perro tendría que ser capaz de trabajar a través de pastizales, con animales de granja y en zonas cercanas a asentamientos humanos.

The dog needed a coat thick enough to protect it from spiny plants but not so thick it would get hot on warm days. It also needed paws that could travel over dirt, rocks, paved roads, and wet areas. The dog needed to not be afraid of water, as there would be streams and rivers that would need to be crossed.

El perro necesitaría un pelaje lo suficientemente grueso como para protegerse de las plantas espinosas, pero no tan grueso como para que le dé calor en los días calurosos. También necesitaría patas que le permitieran desplazarse por la tierra, rocas, caminos pavimentados y áreas húmedas. El perro no debía tener miedo al agua, ya que habría que cruzar arroyos y ríos.

This dog needed to be able to locate scat.

Este perro tenía que ser capaz de localizar heces.

Specifically, this dog needed to find scat samples from five carnivores – jaguars, pumas, southern tiger cats, ocelots, and, of course, bush dogs.

Específicamente, encontrar muestras de heces de cinco carnívoros - yaguaretés, pumas, tiricas, ocelotes y, por supuesto, zorros pitocos.

This task of finding scats from carnivores is not something all conservation detection dogs can do. Some of them show an innate fear when looking for scats from carnivores, with the dog actively avoiding going near samples from these species. In addition, not all dogs can locate scats from other canids or dog-related species, like bush dogs, with the dog having a natural behavior to urine-mark or pee on the sample.

Esta tarea de encontrar heces de carnívoros no es algo que todos los perros detectores de conservación puedan hacer. Algunos de ellos muestran un miedo innato cuando buscan heces de carnívoros, y evitan fuertemente acercarse a las muestras de estas especies. Además, no todos los perros pueden localizar heces de otros cánidos o especies emparentadas con ellos, como los zorros pitocos, ya que su comportamiento natural es marcar orinando la muestra.

Both would be major problems for Karen's study.

Ambas características serían problemas importantes para el estudio de Karen.

What dog could fit all these criteria?
How could Proyecto Zorro Pitoco make this project a reality?
There was still a big gap in identifying the technique and finding scats in Misiones.

¿Qué perro podría reunir todos estos criterios?
¿Cómo podría el Proyecto Zorro Pitoco hacer este proyecto realidad?
Aún existía un gran vacío en la utilización de esta técnica y la búsqueda de heces en Misiones.

4 - I know I can!

The crazy thing is that Barbara had another side of her work outside of law enforcement that involved training dogs for conservation work. In fact, Barbara was fundamental to helping biologists in the U.S.A. learn how to use the power of a dog's nose to help find odors that would help in their conservation efforts.

While Barbara was not a biologist, she knew that it was possible to channel a dog's play drive to find a wide variety of odors in different habitats. For a dog, the odor was equal to their toy, so whether it was odor from a drug, or an animal did not matter, it was all equal to the ball, the ball, the ball.

4 - ¡Sé que puedo!

Lo cosa loca es que Bárbara tenía otra faceta en su trabajo que consistía en adiestrar perros para trabajos de conservación. De hecho, Bárbara era fundamental para ayudar a los biólogos, en los Estados Unidos, a aprender cómo usar el poder del olfato de un perro para encontrar olores que los ayudarían en sus esfuerzos de conservación.

Si bien Bárbara no es bióloga, sabía que era posible canalizar el impulso de juego de un perro para encontrar una amplia variedad de olores en diferentes hábitats. Para un perro, el olor es sinónimo de juguete, por lo que no importa si era el olor de una droga o de un animal, todo eso lo condunduce a la pelota, la pelota, la pelota.

Barbara did not want to give up on Train, as she could see that he had so much potential and ability to do great things. She decided that conservation work might be just the right job for Train.

His play drive could be channeled to find different odors. His body type would allow him to push through thick vegetation, navigate tough terrains, and a variety of ground substrates. That high energy of his would be perfect for work that covered large areas. Train had other options! Options that just took the game he loved so much in a new direction.

He could become a conservation detection dog!

Bárbara no quería renunciar a Train, ya que podía ver que tenía mucho potencial, y capacidad, para hacer grandes cosas. Ella decidió que el trabajo de conservación podría ser el trabajo adecuado para Train.

Su impulso por el juego podía canalizarse para encontrar diferentes olores. Su forma de cuerpo le permitiría atravesar la vegetación espesa, recorrer terrenos difíciles y con una gran variedad de suelos. Su gran energía sería perfecta para trabajos que cubrieran grandes áreas. ¡Train tenía otras opciones! Opciones que simplemente llevaban el juego que tanto amaba hacia una nueva dirección.

¡Podría convertirse en un perro detector para la conservación!

The questions.
Could Train, do it?
Could he locate scat samples from the five carnivores, with no fear, no avoidance, and no unwanted behaviors?
Could he become that conservation detection dog that Karen was looking for?

Las preguntas.
¿Podrá Train hacerlo?
¿Podrá localizar muestras de heces de los cinco carnívoros, sin miedo, sin evitarlos y sin comportamientos no deseados?
¿Podría Train convertirse en ese perro detector de conservación que Karen estaba buscando?

Before Train could head to Argentina, he needed to pass a big test.

Antes de que Train pudiera viajar a Argentina, debía superar una gran prueba.

If Barbara presented Train with samples from bush dogs, what would he do?
Would he avoid them?
Would he pee on them?

Si, Bárbara le presentaría muestras de zorro pitoco, ¿qué haría?
¿Las evitaría?
¿Orinaría sobre ellas?

The result.
A beautiful alert response with no unwanted behaviors! He passed the test with flying colors!

El resultado. ¡Una hermosa respuesta de alerta sin comportamientos no deseados! ¡Pasó la prueba con gran éxito!

In Train's mind it was just another odor. He was not afraid of it. He did not want to pee on it. He did not want to avoid it, as that would mean he would not get his tennis ball. All of this meant that Train had a new job on his horizon.

En la mente de Train era sólo otro olor. No le daba miedo. No quería orinar sobre ellas. No las evitaba, ya que eso, para él, significaba que no conseguiría su deseada pelota de tenis. Todo esto significó que Train tenía un nuevo trabajo en su horizonte.

While the training to be a conservation detection dog was far from over, he had passed the first big hurdle, which opened the door to an international trip to Argentina with Barbara and Karen.

Aunque el entrenamiento para ser perro detector de conservación distaba mucho de haber terminado, había superado el primer gran obstáculo, lo que le abría las puertas a un viaje internacional hacia Argentina con Bárbara y Karen.

This next adventure was one that Train never saw in his future as a small pup or even as a two-year old sitting in the Humane Society.

Train nunca imaginó esta aventura cuando era un cachorro pequeño, ni siquiera cuanto tenía dos años y estaba en la Sociedad Protectora de Animales.

Before he knew it, he was in a kennel, loaded into the belly of a big plane, and off to Argentina.

Antes de que pudiera darse cuenta, estaba en un canil, cargado en la bodega de un gran avión, rumbo a Argentina.

- Washington, U.S.A. | estado de Washington, EE. UU.
- Texas, U.S.A. | estado de Texas, EE. UU.
- province of Misiones | provincia de Misiones
- Argentina

Train was an excellent traveler and learned that this time in the kennel was the perfect time to curl up and take a nice long nap. While the ride in the plane was a little loud and dark, it was warm, and his kennel was comfy.

Train resultó ser un excelente viajero y aprendió que este tiempo en el canil era el momento perfecto para acurrucarse y tomar una larga siesta. Si bien el viaje en el avión era un poco ruidoso y oscuro, Train estaba en un ambiente cálido y dentro de un canil muy confortable.

The trip was long, in fact it took almost three days, but Train was patient, almost like he knew at the other end was a great adventure. He started on a medium plane from Seattle Washington to Dallas Texas. Then after spending the day in the airport with Barbara and Karen, he got on a giant plane from Dallas Texas to Buenos Aires, Argentina.

El viaje fue largo, de hecho, duró casi tres días, pero Train fue paciente, casi como si supiera que al otro lado lo esperaba una gran aventura. Él comenzó su viaje en un avión mediano desde Seattle, Washington, a Dallas, Texas. Luego, tras pasar el día en el aeropuerto con Bárbara y Karen, se subió a un avión gigante con destino a Buenos Aires, Argentina.

After passing through many official checks at this giant airport in Argentina, they went outside, and he got into a taxi. But not just any taxi, as it was tiny! In fact, he had to get out of his kennel and ride at Karen's feet in the front seat. After a couple hours in this taxi, with lots of pets from the nice man (Alberto Nayar) driving it, they arrived a smaller airport in the city of Buenos Aires.

Después de someterse a muchos controles oficiales, en este gigantesco aeropuerto de Argentina, salieron y Train se subió a un taxi. Pero no era un taxi cualquiera, ¡era muy pequeño! De hecho, tuvo que salir de su canil y viajar a los pies de Karen en el asiento delantero. Después de un par de horas en ese taxi, con muchas caricias del simpático hombre (Alberto Nayar) que lo conducía, llegaron a un aeropuerto más pequeño de la ciudad de Buenos Aires.

After waiting a little longer, he got on his third plane that took him to the city of Posadas, capital of the province of Misiones, Argentina.

Luego de esperar algún tiempo más, se subió al tercer avión que lo trasladó a la ciudad de Posadas, capital de la provincia de Misiones, Argentina.

When he landed in this new location, he was so close. In fact, he was just a few hours from the final destination in northern Misiones.

Cuando aterrizó en esta nueva localidad, estaba muy cerca. De hecho, estaba a pocas horas de su destino final en el norte de Misiones.

Yes, it was a long trip, but he was finally in Argentina!

Sí, fue un largo viaje, ¡pero finalmente estaba en Argentina!

Train was finally in the place where he could take the last steps to finish his training to become a real conservation detection dog.

Por fin, Train estaba en el lugar donde podía dar los últimos pasos para finalizar su entrenamiento y convertirse en un verdadero perro detector para conservación.

He could smell the forest; with all its new odors of plants and animals he had never smelled before. He just knew he could do it. He just knew that he would be able to learn the odors that Karen wanted and find them among all these other smells. He was ready to take the next step to becoming a conservation detection dog.

Ahora podía oler el monte; con nuevos olores de plantas y animales que nunca antes había olido. Simplemente sabía que podía hacerlo. Sabía que sería capaz de aprender los olores que Karen pretendía y encontrarlos entre todos los demás olores. Estaba listo para dar el siguiente paso y convertirse en un perro detector para conservación.

> Bring on the odors and have that ball ready!

> ¡Que vengan esos olores y tengan lista esa pelota!

5 – Bring it on!

5 – ¡Adelante!

Train, Barbara, Karen, and other members of the Proyecto Zorro Pitoco team loaded up their gear and headed to Urugua-í Provincial Park in northern Misiones.

Train, Bárbara, Karen y otros miembros del Proyecto Zorro Pitoco, cargaron sus equipos y se dirigieron al Parque Provincial Urugua-í en el norte de Misiones.

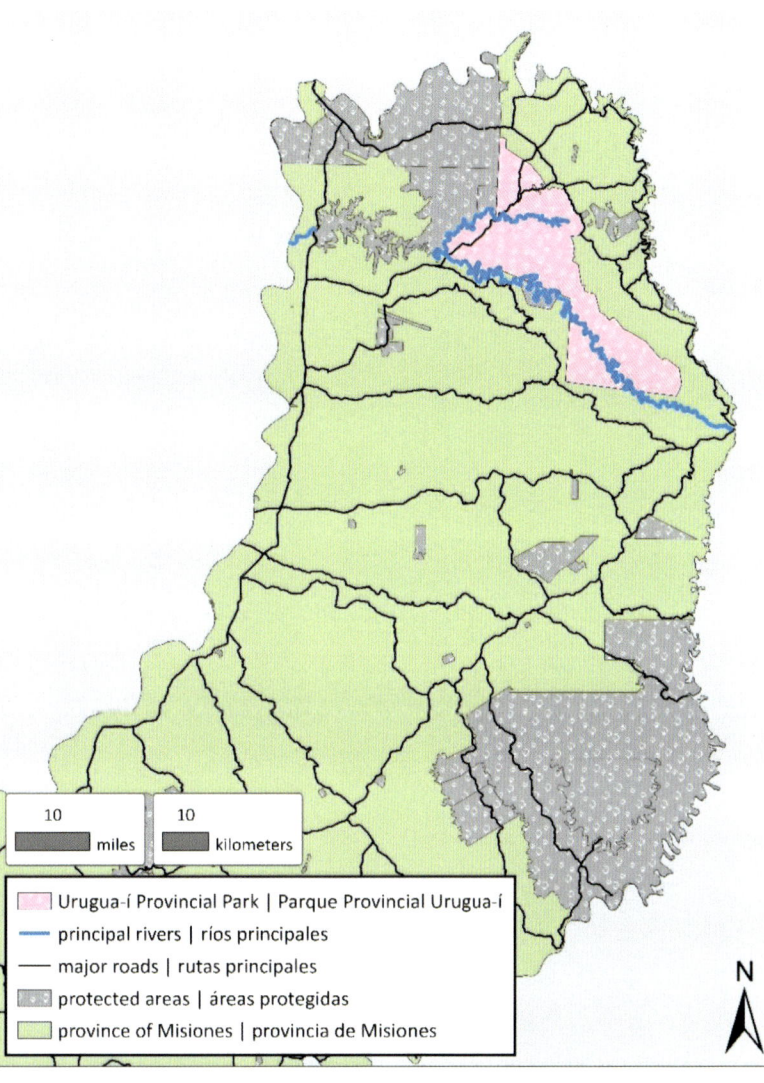

This place was special. It was one of the largest protected areas in the region, with 84,000 hectares or approximately 210,000 acres of native Interior Atlantic Forest.

Este lugar era especial. Es una de las áreas protegidas más grandes de la región, con 84.000 hectáreas, aproximadamente 210.000 acres, de monte nativo de Mata Atlántica Interior.

Its southern border was marked by the Urugua-í River, with the Victoria Mountain Range making the terrain a little more rugged in the northeastern portion of the park. This giant forest was filled with all kinds of new smells, sounds, and sights.

Su frontera sur está marcada por el río Urugua-í, con la Sierra Victoria haciendo que el terreno sea un poco más accidentado en la parte noreste del parque. Este bosque gigante estaba lleno de todo tipo de nuevos olores, sonidos y vistas.

All Train could think was, let the adventure begin!

Train sólo podía pensar en ¡que comience la aventura!

The first step was for Train to go through a training course with Karen, so he could make the switch from working with Barbara to working with Karen.

El primer paso fue que Train realice un curso de entrenamiento con Karen, para que pudiera hacer el cambio de trabajar con Bárbara a trabajar con Karen.

Would their personalities match?

¿Coincidirían sus personalidades?

You bet!

¡Seguro que sí!

Within just a few trials, the bond was clear.

En sólo unos pocos ensayos, el vínculo era evidente.

Karen saw Train as a big, brown, curly monster, with so much potential. His energy was a match for the project. Train loved Karen's excitement when he found something, as Karen had a great squeaky voice that made Train's tail wag extra hard.

Karen vió a Train como un monstruo grande, de color marrón, pelo enrulado y con mucho potencial. Su energía encajaba a la perfección para lo que necesitaba el proyecto. A Train le encantaba el entusiasmo de Karen cuando encontraba algo, ya que Karen tenía una gran voz chirriante que le hacía a Train mover la cola con más fuerza.

Train and Karen found each other's enthusiasm for the work contagious, with each feeding off the other as they worked to find samples and solve problems.

Train y Karen se contagiaban mutuamente el entusiasmo por el trabajo y cada uno se alimentaba del otro mientras trabajaban para encontrar muestras y resolver problemas.

A match was made!

¡La pareja estaba constituida!

The next step was a set of trials that would let Train learn the odors Karen wanted, ignore all the other odors in the area, and navigate the large range of habitats in the area. These trials would also allow Karen to learn the range of Train's behaviors.

El siguiente paso fue enfrentar a Train con un grupo de muestras que le permitirían aprender los olores que Karen necesitaba que reconozca, ignorar todos los demás olores en el área y navegar por la amplia variedad de hábitats de la zona. Esta prueba también le permitiría a Karen conocer los tipos de comportamiento de Train.

How did his behavior change when the samples were new, with fresh odor, versus older odor?
How did his behavior shift as he worked to find the odors that were in the open versus hidden in vegetation or underground?
How did his behavior shift from early morning with lots of energy to when he was more tired or hot?

¿Cómo cambiaba su comportamiento cuando las muestras eran nuevas, con olor fresco, respecto de las muestras más antiguas?
¿Cómo cambiaba su comportamiento cuando trataba de encontrar los olores que estaban al aire libre frente respecto de los que estaban ocultos en la vegetación o bajo tierra?
¿Cómo cambiaba su comportamiento desde temprano en la mañana con mucha energía hasta cuando estaba más cansado o acalorado?

Working through these different situations would allow the communication between Karen and Train to reach another level. It would also ensure that they could maximize the number of samples they could find, while making sure of their safety in various situations.

Trabajar a través de estas diferentes situaciones permitiría que la comunicación entre Karen y Train alcanzara un nivel de conexión mayor. También garantizaría que pudieran maximizar el número de muestras que pudieran encontrar, garantizando al mismo tiempo su seguridad en diversas situaciones.

These trials took place during the first three weeks that Train was in Argentina. The training was intense with samples put in all types of positions, including - in the open and hidden under vegetation, off trails and along trails, and individual samples or multiples samples near each other.

Estas pruebas se llevaron a cabo durante las primeras tres semanas que Train estuvo en Argentina. El entrenamiento fue intenso, con muestras colocadas en todo tipo de posiciones, incluyendo - al aire libre y escondidas bajo la vegetación, fuera de los senderos y a lo largo de ellos, muestras individuales o múltiples, muestras cercanas unas de otras.

There were samples from the five carnivores that Karen wanted Train to find – jaguar, puma, ocelot, southern tiger cat, and bush dog. There were samples from other carnivores that live in the area that Karen wanted Train to ignore – margay, jaguarundi, and crab-eating fox. Samples were spread over miles in various patterns and frequency.

Había muestras de los cinco carnívoros que Karen quería que Train encontrara - yaguareté, puma, ocelote, tirica y zorro pitoco. También había muestras de otros carnívoros que viven en el área y que Karen quería que Train ignorara - margay, jaguarundi y zorro cangrejero. Las muestras se distribuyeron a lo largo de varios kilómetros con distintos patrones y frecuencia.

The trials were short and long. But for Train, each day was a day of fun, fun, and more fun. A game of finding odors and getting to play with his ball. He was a happy boy and looking forward to being a conservation detection dog.

Las pruebas eran cortas y largas. Pero para Train, cada día era un día de diversión, diversión, y más diversión. Un juego de encontrar olores y ponerse a jugar con su pelota. Era un niño feliz y parecía desear convertirse en un perro detector para conservación.

During this time, Barbara was present to make sure all went well for Train, Karen, and the new team they were becoming. She was thrilled to see Train excel in his new environment. She saw him as finally in his element, his future as a conservation detection dog was bright! She was happy to see how Karen and Train worked together and saw how the two drew on the energy of the other.

Durante tode este tiempo, Bárbara estuvo presente para asegurarse de que todo saliera bien para Train, Karen y el nuevo equipo en el que ambos se estaban convirtiendo. Estaba encantada de ver a Train sobresalir en su nuevo entorno. Ella lo vio como si, por fin, Train se encontrara con su elemento, ¡su futuro como perro detector para conservación era brillante! Estaba feliz de ver cómo Karen y Train trabajaban juntos y cómo ambos aprovechaban la energía del otro.

In just a few weeks, Barbara saw that Karen and Train had established the communication necessary for them to succeed as a conservation detection dog-handler team.

En sólo unas pocas semanas, Bárbara vio que Karen y Train habían establecido la comunicación necesaria para tener éxito en conservación, como un equipo de perro detector y adiestradora.

6 – Let the fun begin!

After three weeks of training, Barbara needed to head back to Washington, U.S.A. to train other dogs. But the adventure of Train and Karen was just starting.

6 – ¡Que comience la diversión!

Después de tres semanas de entrenamiento, Bárbara debía regresar a Washington, EE. UU. para continuar con el entrenamiento de otros perros. Pero la aventura de Train y Karen apenas había comenzado.

Over the next four months, days in the field were long and no two days were the same.

Durante los cuatro meses siguientes, los días en el monte fueron largos y no hubo dos días iguales.

The alarm that Karen set always went off dark and early. Sometimes the humans were slow to get moving, but Train always bounced up ready to get the game started. He greeted the alarm with an enthusiastic tail wag, which was met with some great head cuddles and ear rubs.

La alarma del reloj de Karen siempre sonaba temprano, cuando todavía estaba oscuro. A veces los humanos tardaban en ponerse en marcha, pero Train siempre se levantaba dispuesto para comenzar el juego. Saludaba el sonido de la alarma con entusiastas sacudones de cola, que era correspondido con grandes abrazos en la cabeza y masajes en las orejas.

All of this helped get the humans up, which meant breakfast time. While Train loved his play toy, he also loved a great meal.

Todo esto ayudaba a levantar a los humanos, lo que significaba que era hora de desayunar. Train adoraba su juguete, pero también una buena comida.

A great way to start the day and the adventure was only the beginning.

Una forma estupenda de empezar el día, y la aventura estaba sólo por empezar.

Each morning, Train waited with great excitement as Karen and the team packed their backpacks and loaded up the truck. All of this meant it was a workday, which meant a chance to play the game and get his ball!

Cada mañana, Train esperaba con gran emoción mientras Karen y el equipo preparaban las mochilas y cargaban la camioneta. Todo esto representaba un día de trabajo, ¡lo que significaba una oportunidad para jugar y conseguir su pelota!

Train knew the next step would be that his kennel would go in the back of the truck and Karen would help him jump up to get in it. His kennel had a big fluffy blanket for him to curl up in. Perfect for a post-breakfast nap and prior to starting work. One thing Train had learned was to take a nap whenever possible.

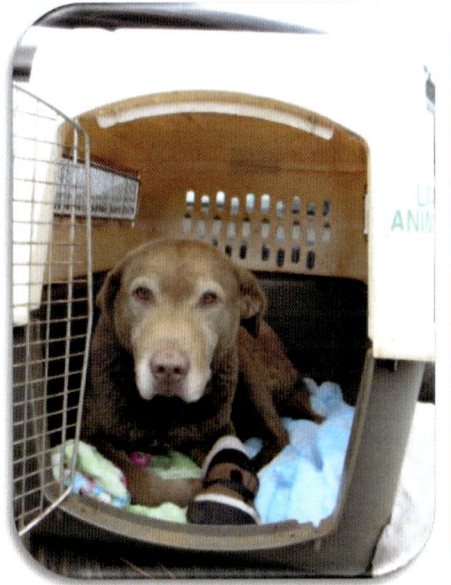

Train sabía que el siguiente paso sería que su canil iría en la parte trasera de la camioneta y Karen lo ayudaría a saltar para entrar en él. Su canil tenía una gran manta mullida para acurrucarse. Perfecto para una siesta después del desayuno y antes de comenzar a trabajar. Una cosa que Train había aprendido era a tomar una siesta siempre cuando fuera posible.

Some road trips were long. Some were short. Most started in the dark when it was cool out, which made Train's nap even more relaxing and peaceful. Luckily, rides never made him feel sick or anxious. He instead saw travels in the kennel as a chance to take a quick nap to pass the time and get a little more rest before the survey began.

Then the truck would stop. Karen and the team would get out of the truck, which meant they had finally arrived at the spot for that day's work.

Algunos viajes por la ruta eran largos. Otros, cortos. La mayoría comenzaba en la oscuridad, cuando hacía frío, lo que hacía que la siesta de Train fuera aún más relajante y pacífica. Afortunadamente, los viajes nunca lo hicieron sentirse enfermo o ansioso. En cambio, veía los viajes en su canil como una oportunidad para tomar una siesta rápida para pasar el rato y descansar un poco más antes de que comenzar la búsqueda.

Entonces la camioneta se detenía. Karen y el equipo salían de ella, lo que significaba que finalmente habían llegado al lugar para el trabajo de ese día.

Where?

¿Dónde?

He never knew, but that did not matter to him. In his mind that was all part of the adventure. What he cared most about was what happened once the truck stopped.

Train nunca lo sabía, pero eso no le importaba. En su mente todo eso formaba parte de la aventura. Lo que más le importaba era lo que sucediera una vez que la camioneta se detenía.

The first thing Karen did was to put on his field uniform – an orange harness and little bell that would make jingly music as he worked.

Lo primero que hacía Karen era ponerle a Train su uniforme de campo - un arnés naranja y una campanita que haría música alegre mientras él trabajaba.

The orange color helped Karen see him at a distance in the dense vegetation, while the bell helped her hear where he was and what he was doing when the forest got so thick, she could no longer see the bright orange color or the tip of his tail.

El color naranja ayudaba a Karen a verlo a distancia en la densa vegetación, mientras que la campana la ayudaba a oír por dónde estaba y qué hacía cuando el monte se volvía más espeso y no permitía ver el color naranja brillante ni la punta de su cola.

What direction was he moving and how fast was he moving?

¿En qué dirección se movía y a qué velocidad?

By listening carefully, Karen could tell if he was searching an area for odor, picking up the pace as he detected an odor in the area, or if he was stopped at a sample. The bell also allowed animals in the area to know Train and his human partners were in the area, so they could hunker down and hide or leave the area.

Escuchando atentamente, Karen podía saber si estaba buscando un olor en una zona, el ritmo de la campanita acelerándose cuando Train detectaba un olor en el área, o si se detenía ante una muestra. La campana también permitía que los animales que estuvieran en el área supieran que Train y sus compañeros humanos estaban en por allí, por lo que podían agazaparse y esconderse o abandonar el área.

This joy of seeing his uniform was matched by seeing a special addition Karen put on for fieldwork. It was a small pack that fit around her waist and held his ball. When he saw that pack, Train had no doubts; his magic ball was there and just waiting to play a game with him!

La alegría de ver su uniforme era igualada cuando veía un complemento especial que Karen se ponía para el trabajo en el monte. Era una pequeña riñonera que se ajustaba alrededor de su cintura que contenía la pelota de Train. Cuando veía esa riñonera, Train no tenía dudas; ¡su pelota mágica estaba allí, esperando para jugar con él!

Before starting the survey, Train looked forward to one more thing: seeing who was with him in the field.

He knew Karen would be there, but who else would join in the fun?

Antes de comenzar la búsqueda, Train esperaba con impaciencia una cosa más: ver quién más a los acompañaría al monte.

Sabía que Karen estaría allí, pero ¿quién más se uniría a la diversión?

Karen always had great field assistants that would join them for weeks at a time, including Juan Pablo, Nicole, Rosio, Daiana, and Orlando.

Karen siempre tenía grandes asistentes de campo que se unían a ellos durante semanas, como Juan Pablo, Nicole, Rosio, Daiana y Orlando.

But she would also have other people that would join in for a single day or a few days, including student volunteers, provincial park guards, and landowners. Each of these people were fun in their own way. All loved to play with him when he found a sample.

Pero también tendría otras personas que se unirían a la expedición durante uno o varios días, como estudiantes voluntarios, guardaparques provinciales y propietarios de tierras. Cada una de estas personas era divertida a su manera. A todos les encantaba jugar con Train cuando él encontraba una muestra.

In his world, the more the merrier, as it meant he could go around his circle of friends and play, play, play.

En su mundo, cuanto más, mejor, ya que significaba que, rodeado de su círculo de amigos, podía jugar, jugar, jugar.

Just as Train figured out how to play the game of finding scat from the five carnivores in a variety of habitats, Train figured out that his precious play time with the ball after finding a sample could be done in so many ways.

Del mismo modo en que Train descubrió cómo jugar el juego de encontrar caca de los cinco carnívoros en una variedad de hábitats, descubrió también que su precioso tiempo de juego con la pelota después de encontrar una muestra podría hacerse de muchas maneras.

A favorite game of his was 'tug-o-war'.

Uno de sus juegos favoritos era el juego de 'tira y afloja'.

This was possible, as his magic ball was not your traditional yellow tennis ball. Instead, his ball had been modified by someone who knew his passion for play. His ball had a thick rope threaded through it so people could grab and think they had control of his ball.

Esto era posible, ya que su pelota mágica no era la tradicional pelota de tenis amarilla. En su lugar, su pelota había sido modificada por alguien que conocía su pasión por el juego. Su pelota tenía una cuerda gruesa enhebrada a través de ella para que la gente pudiera agarrarla y pensar que tenían el control de su pelota.

Little did they know!

¡Poco sabían!

Some field assistants were so strong he could almost feel his feet coming off the ground, as he pulled with all his might. Sometimes his feet left the floor, as he was pulled into helicopter rotations, round, and round.

Algunos asistentes de campo eran tan fuertes que Train casi podía sentir que sus pies se despegaban del suelo, mientras él tiraba con todas sus fuerzas. A veces sus pies se despegaban del suelo, mientras era arrastrado en rotaciones como de helicópteros, dando vueltas y vueltas.

Other people were smaller or not as strong. With these, his favorite take on the game was to pretend that he was pulling with all his might, so it appeared to be a standoff in strength. But then, as soon as the human let down their guard, he went into full pull mode. A few throws of the head and mighty pulls made the game kick up a notch.

Otras personas eran más pequeñas o no tan fuertes. Con ellas, su versión favorita del juego era fingir que estaba tirando con todas sus fuerzas, para que pareciese un empate de fuerzas. Pero entonces, tan pronto como el humano bajaba la guardia, se ponía en modo de tracción total. Unas pocas sacudidas de cabeza y poderosos tirones hacían que el juego subiera de nivel.

So much fun!

¡Qué divertido!

There were other fun games the humans played with him. Some were extra creative, with a game of soccer or futbol. Train would assume the position of goalie, as the human would try to get the ball past him. His skills at jumping to catch the ball or running to block it kept him on his paws and great fun for all.

Había otros juegos divertidos que los humanos solían jugar con él. Algunos eran muy creativos, como el fútbol. Train asumiría la posición de arquero, mientras que el humano trataba de que la pelota le pasara. Sus habilidades para saltar y atrapar la pelota o correr para bloquearla le permitía mantenerse en pie y divertirse a lo grande.

Other times, especially when it was hot or near the end of the day, he was happy to hold the ball in his mouth and chew it like a piece of bubble gum, while the humans gave him a massage, head caresses, and belly rubs. When more than one teamed up for this technique it would almost put him in a trance or mini nap, it was just wonderful!

Otras veces, especialmente cuando hacía calor o cerca del final del día, se contentaba con sostener la pelota en su boca, y masticarla como un chicle, mientras los humanos le hacían masajes, le acariciaban la cabeza y le frotaban la barriga. Cuando más de uno se unía para esta técnica, casi entraba en trance o en una minisiesta, ¡era simplemente maravilloso!

For Train, play time was never long enough, but he understood there had to be a balance to the physical searching for samples and playing as a reward. Searching was hard work, especially when it was hot, with little or no shade and no streams for swimming. So, how he played and how long he played had to balance with the rest of the day.

Para Train, el tiempo de juego nunca era suficientemente, pero entendía que tenía que haber un equilibrio entre la búsqueda física de muestras y el juego como recompensa. Buscar era un trabajo duro, especialmente cuando hacía calor, con poca o ninguna sombra y sin arroyos para nadar. Por lo tanto, la forma de jugar y el tiempo que lo hacía tenían que equilibrarse con el resto del día.

7 – Every day is a new adventure! | 7 – ¡Cada día es una nueva aventura!

For Train each survey day was different.

Para Train cada día de muestreo era diferente.

Some areas had dense forest, with pockets of bamboo, that had lots of shade and cooler temperatures. But these areas also had long vines that seems to have no start or end, that would get caught around his legs or around his belly, making him push hard to release his body from their grasp.

Algunas áreas tenían montes densos, con parches de bambú que tenían mucha sombra y temperaturas más frescas. Pero estas áreas también tenían largas enredaderas que parecían no tener principio ni fin, que se enredaban alrededor de sus patas le rodeban el vientre, haciéndolo empujar con fuerza para liberar su cuerpo de esas garras.

Other times there were plants with prickly needles that he did not like much, so he learned what they smelled like, so he could approach them and navigate through them with care.

Otras veces había plantas con espinas que parecían agujas, las que a él no le gustaban mucho, así que aprendió cómo olían para poder acercarse a ellas y desplazarse a través de ellas con cuidado.

There were areas that were very open and grassy, the sun was hot, and Train shared the landscape with much bigger animals that stared at him and sometimes tried to chase him.

Había áreas muy abiertas y cubiertas de hierba, el sol calentaba y Train compartía el paisaje con animales mucho más grandes que lo miraban y a veces intentaban perseguirlo.

Cows and horses! In Train's mind they grew the cows big in Argentina and they typically had long horns, but he learned if he stuck to his work and put his nose down to find odors, Karen was watching his back and they would leave him alone.

¡Vacas y caballos! En la mente de Train, las vacas crecían mucho en Argentina y solían tener cuernos largos, pero aprendió que, si se apegaba a su trabajo y bajaba la nariz para encontrar olores, Karen le cuidaba la retaguardia con lo cual lo dejarían en paz.

Other places were different from the forest. Instead of having trees and plants randomly scattered everywhere, there were areas that had long rows of things planted by humans. Things like shrubs and pine trees.

Otros lugares eran diferentes al monte. En lugar de tener árboles y plantas esparcidos al azar por partes, había zonas con largas hileras de cosas plantadas por humanos. Cosas como arbustos y pinos.

The long number of rows and open areas were different, but he just put his nose down and focused on finding the odors Karen wanted.

El gran número de hileras y las zonas abiertas eran diferentes, pero él simplemente se limitaba a bajar la nariz y concentrarse en encontrar los olores que Karen quería.

However, in the areas with the pine trees, he had to be extra careful, as there could be areas in the ground that would suddenly sink, and he would fall in a giant hole where an old pine tree had once lived.

This was sometimes scary, as the ground just disappeared under his feet, but he also learned how to walk through the plantations to avoid these areas.

Sin embargo, en las áreas con pinos, debía tener mucho cuidado, ya que podría haber zonas en el suelo que se hundían de repente, y él caía en un agujero gigante donde antes había vivido un viejo pino.

Esto a veces daba miedo ya que el suelo simplemente desaparecía bajo sus pies, pero también aprendió a caminar por esas plantaciones para evitar esas zonas.

Other areas were near a lot of people. Near homes, with other dogs, chickens, and pigs. The sounds and smells were different, but he just focused on those odors Karen wanted him to find.

Otras áreas estaban cercanas a mucha gente. Cerca de casas, con otros perros, gallinas y cerdos. Los sonidos y olores eran diferentes, pero él solo estaba enfocado en los olores que Karen quería que encontrara.

One bonus of these areas was that sometimes the people in the home came out and gave him extra attention. At first, many were intimidated by his large size, as dogs from this region were not typically as big as him.

Una ventaja de estas zonas era que, a veces, los habitantes de la casa salían y le prestaban atención adicional. Al principio, muchos se sentían intimidados por su gran tamaño, ya que los perros de esta región no solían ser tan grandes como él.

However, once they realized he did not have an aggressive bone in him, they were all over him.

Sin embargo, una vez que se daban cuenta de que él no tenía ni un solo hueso de agresivo, se le echaban encima.

Little kids were attracted to him like a magnet, and they would hang on to him and give him giant bear hugs. Throughout it all, Train sat and soaked in the attention, with an occasional belly rub and special treat from the kids.

Los niños pequeños se sentían atraídos por él como un imán, se le colgaban, y le proporcionaban enormes abrazos de oso. Después de todo ese tiempo, Train se sentaba y disfrutaba de la atención de los niños, que de vez en cuando le daban un masaje en la barriga y una golosina especial.

Other areas were a mix of everything, with some time spent in the forest, some time in pastures, and some near people with crops of different kinds.

Otras áreas que solía recorrer eran una mezcla de todo, pasando algún tiempo en el monte, otro tiempo entres pastos y algunos cerca de la gente con cultivos de diferentes tipos.

A bonus along the way, especially in these areas that were so diverse, is that he would sometimes find a source of water! Train did not care if it was stream, creek, river, or pond, as any type of water was an extra bonus.

Una ventaja en el camino, especialmente en estas áreas que eran tan diversas, es que a veces ¡encontraba una fuente de agua! A Train le daba igual que fuera un arroyo, un riachuelo, un río o estanque, ya que cualquier tipo de agua era una ventaja adicional para él.

He was after all a Chesapeake Bay Retriever, so a love of water was in his blood! There was nothing better on a hot day then to have a chance (or two!) to swim, even if for a little while. To think about it, it did not matter if it was a cold day, if there was water, a swim was always an amazing bonus. For Train that could mean chasing a stick in and out of the water or that someone would cover him with cool water from head to tail.

Después de todo, era un Chesapeake Bay Retriever, ¡así que llevaba el amor por el agua en la sangre! No había nada mejor en un día caluroso que tener la oportunidad (¡o dos!) de nadar, aunque fuera un rato. Pensándolo bien, no importaba si era un día frío, si había agua, un chapuzón siempre era un plus increíble. Para Train eso podría significar perseguir un palo dentro y fuera del agua, o que alguien lo cubriría con agua fresca de la cabeza a la cola.

Especially on hot days, after a swim or dip, he felt like a new dog, full of energy and vigor.

Especialmente en los días calurosos, después de un buen baño o chapuzón, se sentía un perro nuevo, recargado de energía y vigor.

However, there was a catch to water that Train had to learn. And so, he had to learn to ask permission to go swimming.

Sin embargo, el agua tenía una trampa que Train tenía que conocer. Y por ello tuvo que aprender a pedir permiso para nadar.

Why?

¿Por qué?

Because not all water was the same and safe. Some could be dangerous.

Porque no toda el agua era igual y segura. Algunas podían ser peligrosas.

This included rivers that were moving fast. He was strong but not strong enough to get out of rivers, such as the Iguazú River, which forms the Cataratas or the largest waterfall system in the world. Others had large animals that could bite, such as yacaré, a type of alligator. Others looked like water but were full of mud that acted like quicksand and was hard to leave once you got in it.

Por ejemplo, los ríos que se movían rápidamente. Train era fuerte pero no lo suficiente como para salir de esos ríos, como el río Iguazú, que forma las Cataratas o el sistema de cascadas más grande del mundo. Otros tenían animales grandes que podían morderlo, como el yacaré, un tipo de caimán. Otras parecían agua, pero estaban llenas de barro el que actuaba como arenas movedizas y era difícil salir de ellas una vez que te metías.

So, Train learned to ask Karen if he could go in and if he got a 'yes', the fun was on!

Así que Train, aprendió a pedirle permiso a Karen si podía entrar y si recibía un 'sí', iempezaba la diversión!

At the end of most days in the field, Train got to take a nap full of cuddles and belly rubs.

Al final de la mayoría de los días de trabajo en el monte, Train dormía una siesta colmada de mimos y caricias.

These days always followed survey days that were a long walk in one direction versus a big circle that started and ended at the same place, the truck. How long these one-way walks were depended on so many things, including how hot it was, how many samples he found (as it took time to collect each sample), and even how many days he had previously worked. On these days, Train did not have to walk back along the same trail to find the truck, which was great, as he found that extremely boring, as in, been there done that. Karen did this. Karen left Train with his field friends.

Esos momentos siempre seguían a los días de muestreo, que representaban una larga caminata en una dirección, frente a un gran círculo que comenzaba y terminaba en el mismo lugar, la camioneta. La duración de estas caminatas en una sola dirección dependía de muchas cosas, como cuán caluroso estaba el día, el número de muestras que había encontrado (ya que llevaba tiempo para recolectar cada muestra) e incluso cuántos días había trabajado previamente. Durante esos días, Train no tenía que volver por el mismo camino para volver a la camioneta, lo cual era genial, ya que le resultaba muy aburrido, eso ya lo había hecho. Karen hizo esto. Karen dejó Train con sus amigos de campo.

These friends always made sure the bugs did not bother him, even covering him with netting sometimes. They would make sure he was in a shady spot, no matter how little vegetation might be present in that location. They would give him massages and pets that felt so good. The result was almost always a nice long nap surrounded by friends.

Estos amigos siempre se aseguraban de que los insectos no lo molestaran, incluso a veces lo cubrían con redes mosquiteras. Se aseguraban de que Train estuviera en un lugar sombreado, por poca vegetación que hubiera en ese lugar. Le daban masajes y lo acariciaban para que se sintiera a gusto. El resultado era casi siempre una larga siesta rodeada de amigos.

What a great way to end a survey day!

¡Qué excelente manera de terminar un día de muestreo!

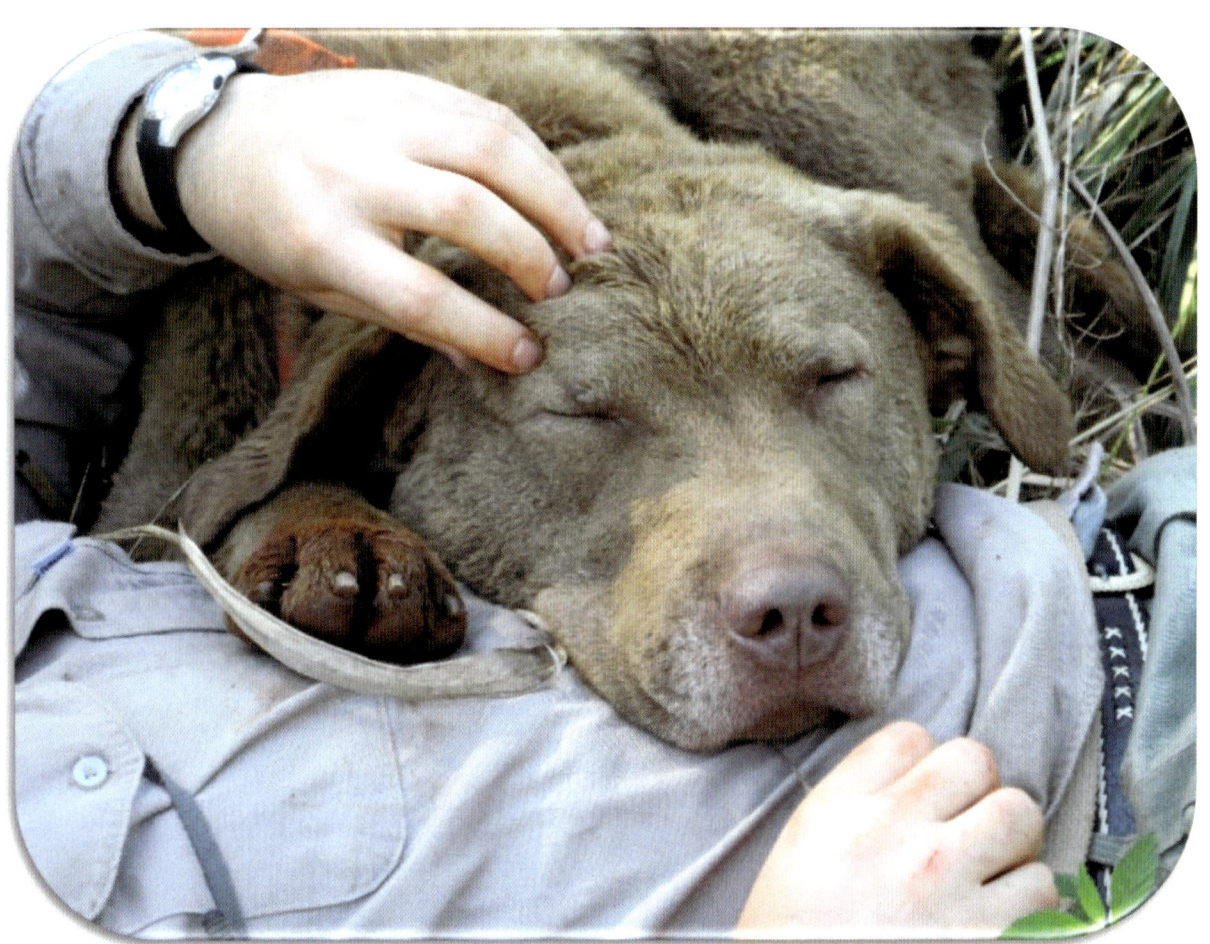

| 8 – A first for Misiones, Argentina. | 8 – Una novedad para Misiones, Argentina. |

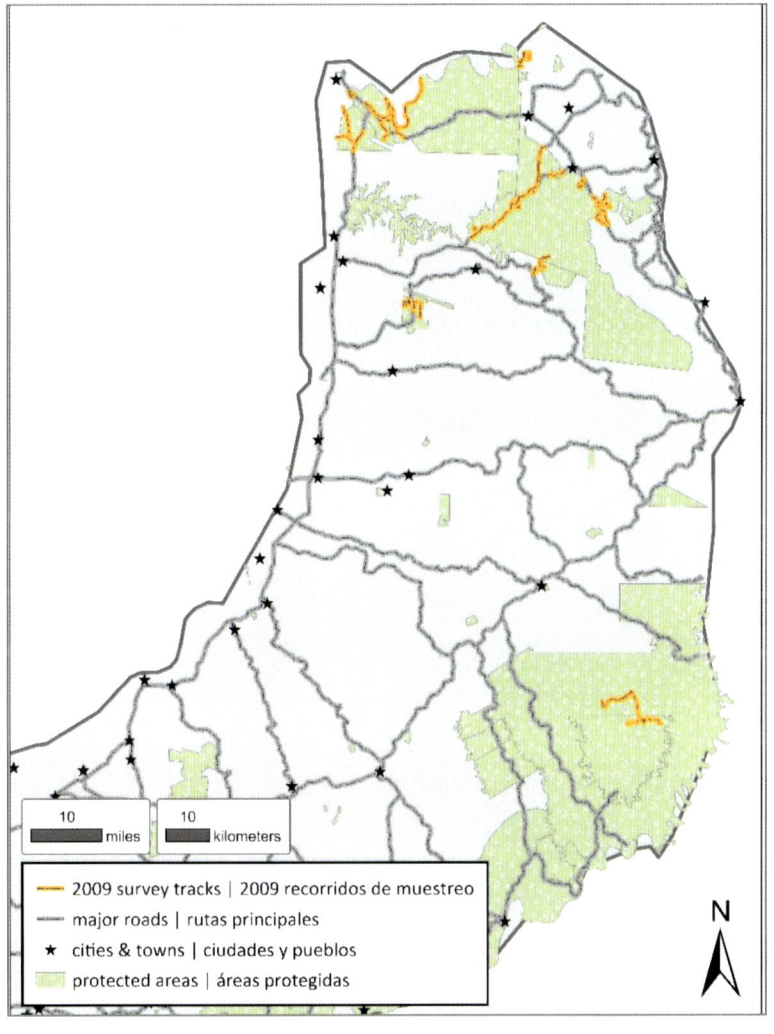

During those initial four months of Train's work in Argentina, the Proyecto Zorro Pitoco team covered almost 300 miles.

Durante esos cuatro meses iniciales de trabajo de Train en Argentina, el equipo del Proyecto Zorro Pitoco cubrió casi 480 kilómetros (300 millas).

But that distance is human mileage, which is typically in a straight path, as they follow behind Train. However, Train does not walk in a straight line. Instead, he is like a river flowing through the terrain, as he weaves in-and-out of vegetation and side-to-side over the terrain.

Pero esa distancia representa el kilometraje recorrido por el humano, que normalmente sigue un camino recto, mientras seguían Train. Sin embargo, Train no caminaba en línea recta. En cambio, era como un río que fluye por el terreno, mientras zigzaguea por la vegetación de un lado al otro sobre el terreno.

All this movement means that Train covers at least 3x what humans do, which means he covered about 900 miles, a distance equal to him walking one-third of the horizontal distance across the U.S.A.!

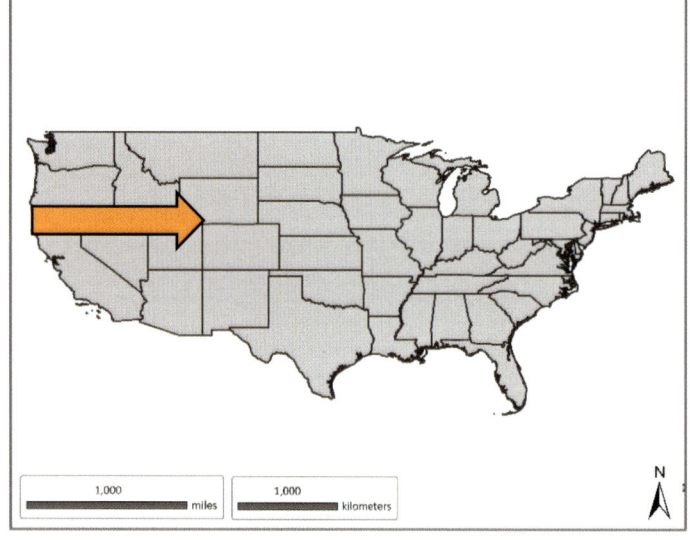

Todo este movimiento hacía que Train recorriera al menos 3 veces la distancia recorrida por los humanos, cubriendo entonces unos 1.440 kilómetros (900 millas), ¡una distancia equivalente a un recorrido de un tercio de la distancia horizontal de los Estados Unidos!

Those paws walked in protected areas, like provincial parks and private reserves, and outside of protected areas.

Esas patas caminaron por áreas protegidas, como parques provinciales y reservas privadas, y fuera de áreas protegidas.

They covered areas owned by forestry companies that owned large expanses of land that was covered by little islands of native forest surrounded by planted pine trees and eucalyptus, which is used for paper and wood.

Recorrieron áreas propiedad de empresas forestales que poseían grandes extensiones de tierra cubiertas por pequeñas islas de monte nativo rodeadas de pinos y eucaliptos plantados, que se utilizan para papel y madera.

They covered areas that had shrubs, like black tea and yerba mate. While some of these areas had some portions of forest or native trees mixed in, others were more open with only shrub trees and bare ground between them.

Cubrieron áreas que tenían arbustos, como el té negro y la yerba mate. Mientras que algunas de estas áreas tenían algunas porciones de bosque o árboles nativos mezclados, otras eran más abiertas con sólo arbustos y suelo desnudo entre ellas.

They also covered private properties, which had homes, people, cattle, horses, pigs, chickens, and gardens.

También cubrieron propiedades privadas, que tenían casas, gente, ganado, caballos, cerdos, gallinas y jardines.

| Those paws got a lot of mileage! | ¡Esas patas han recorrido muchos kilómetros! |

All that mileage during the first survey was paired with lots of samples that Train located, which meant lots of play time.

Todo ese kilometraje recorrido durante el primer muestreo lo que representó un montón de muestras que Train localizó y significó mucho tiempo de juego.

The power of his nose was an incredible thing to watch!

¡El poder de su nariz era algo increíble de ver!

Train was able to find samples of all qualities, including those that were only a few hairs and bones from an old scat, samples that were so old they had little plants growing in them, and others that were white or green with mold.

Train fue capaz de encontrar muestras de todas las calidades, incluidas aquellas que eran solo unos pocos pelos y huesos de una caca vieja, muestras que eran tan viejas que tenían pequeñas plantas creciendo en ellas y otras que eran blancas o verdes con moho.

Among all these samples, were almost 400 scats that the team considered to be of a quality they could collect. These select samples had enough DNA or genetic material that the team could use to determine what species the sample came from, how many individuals were represented in these samples, and the sex of those individuals.

Entre todas estas muestras, había casi 400 cacas que el equipo consideró de calidad, por lo que podían recolectarlas. Estas muestras seleccionadas proporcionarían suficiente ADN o material genético que el equipo podría usar para determinar de qué especie provenía la muestra, cuántos individuos estaban representados en estas muestras y el sexo de esos individuos.

Train's efforts to locate samples from the five carnivores did not stop after this first season.	Los esfuerzos de Train por localizar muestras de los cinco carnívoros no cesaron tras de esta primera temporada.

Instead, he repeated these efforts with Karen in two more field seasons: 2011 and 2013.

Por el contrario, repitió estos esfuerzos con Karen en dos temporadas de campo más: 2011 y 2013.

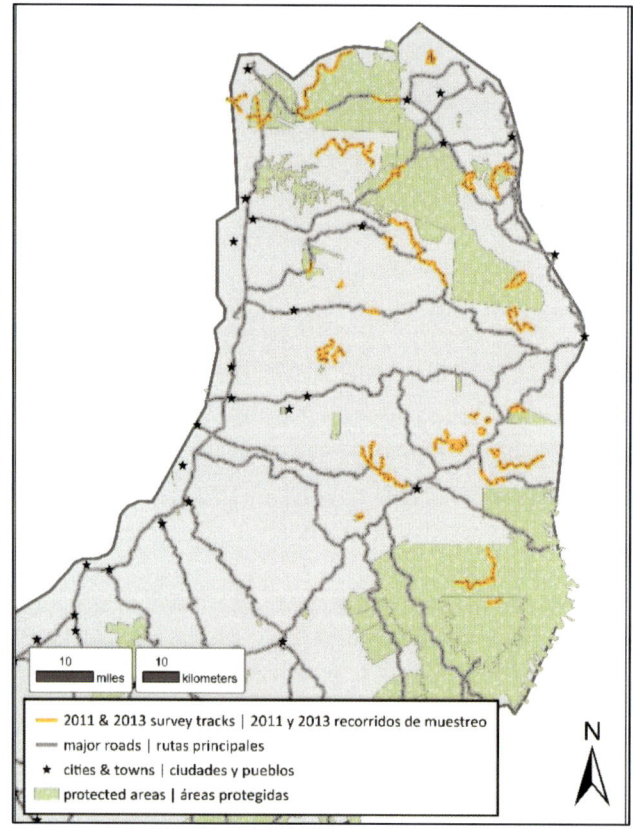

With each season lasting about three months, they added another 450 miles to the area they covered, which means Train added another 1,350 miles or almost the vertical distance across the U.S.A.!

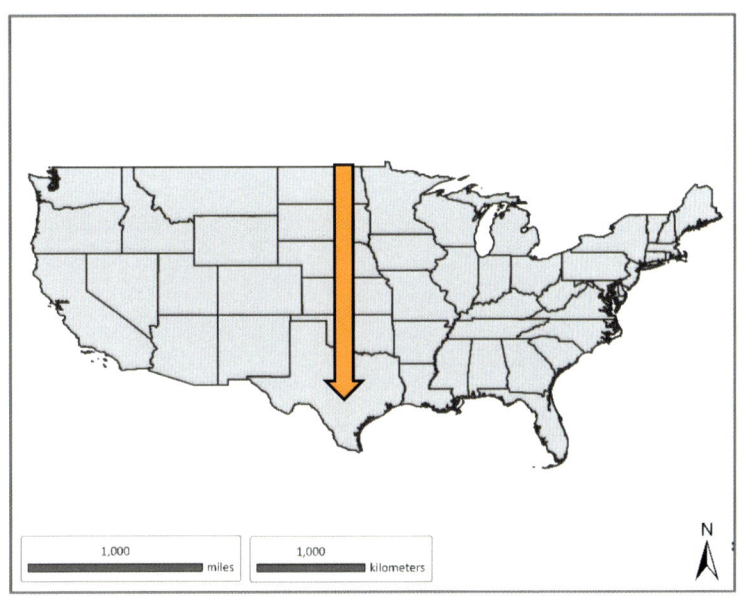

Con cada temporada de unos tres meses de duración, añadieron otros 720 kilómetros (450 millas) más al área que cubrieron, lo que significa que Train agregó otros 2.160 kilómetros (1.350 millas) o ¡casi la distancia vertical a través de los Estados Unidos!

They also added another 500 scats to the high-quality samples that the team could use in genetic analyses.

También agregaron otras 500 cacas a las muestras de alta calidad que el equipo podría utilizar en los análisis genéticos.

| The samples that Train located over these three field seasons represented a first for the region. | Las muestras que Train localizó a lo largo de estas tres temporadas de campo representaron una primicia para la región. |

| Never had so much information on five species been collected so quickly over such an enormous area. Never had it been possible to collect samples across so many different habitat types. | Nunca se había recopilado tanta información sobre cinco especies en tan poco tiempo y en un área tan extensa. Nunca había sido posible recolectar muestras en tantos tipos de hábitats diferentes. |

Typically, scat had been collected on roads through forested areas or pine plantation. Locating samples off trails had been nearly impossible, as they were hidden and randomly scattered over a large area. Never had it been possible to search such a variety of areas near people and outside of protected areas.

Normalmente, las heces se recolectaban en caminos que atravesaban áreas de monte o plantaciones de pinos. Localizar muestras fuera de los caminos había sido casi imposible, ya que estaban ocultas y dispersas aleatoriamente por una gran superficie. Nunca había sido posible buscar en zonas tan diversas, cerca de la gente y fuera de las áreas protegidas.

However, Train had changed all that.

Sin embargo, Train había cambiado todo eso.

Instead of collecting only the most obvious samples on or along roads, Train searched off roads and trails. He pushed through vegetation to find odors. He crossed open areas to locate that odor that was drawing him in. All this meant not only did Train allow more habitats to be searched, but he also allowed samples from a wide variety of species and different individuals to be found.

En lugar de recolectar sólo las muestras más obvias en o a lo largo de caminos, rutas, Train buscó fuera de caminos y senderos. Se abrió paso entre la vegetación para encontrar olores. Cruzó áreas abiertas para localizar ese olor que lo atraía. Todo esto significó que Train no solo permitió buscar en más hábitats, sino que también permitió encontrar muestras de una amplia variedad de especies e individuos diferentes.

Train's nose had opened new conservation doors in Misiones, Argentina!

¡La nariz de Train había abierto nuevas puertas para la conservación en Misiones, Argentina!

However, the big brown monster, Karen, and the team had no clue of how massive these conservation doors would prove to be!

Sin embargo, ¡el gran monstruo marrón, Karen, y el equipo no tenían idea de cuán enormes llegarían a ser estas puertas para la conservación!

9 – Building a biological corridor.	9 – Construir un corredor biológico.
Train's nose had allowed Proyecto Zorro Pitoco to go beyond any previous study by overcoming issues that other techniques had presented.	La nariz de Train había permitido al Proyecto Zorro Pitoco ir más allá de cualquier estudio previo al superar problemas que otras técnicas habían presentado.

Train's tenacious and tireless work had allowed the collection of just over 900 high-quality scats across a variety of habitat types that varied in their integrity, degree of protection, and proximity to humans.

El trabajo tenaz e incansable de Train había permitido la recolección de poco más de 900 cacas de alta calidad en una variedad de tipos de hábitat que variaban en su integridad, grado de protección y proximidad a los humanos.

While there was no doubt that Train knew what samples belonged to each of the five carnivores he searched for, his human partners had to use genetic analyses to figure out which was which, as Train was not sharing his secrets.

Aunque no cabía duda de que Train sabía qué muestras pertenecían a cada uno de los cinco carnívoros que buscaba, sus compañeros humanos tuvieron que recurrir a análisis genéticos para averiguar cuál era cuál, ya que Train no compartía sus secretos.

Train's nose allowed the team access to TONS of data on the five different carnivores, with the potential to analyze those data in so many ways. One of the big analyses the team did with the data generated with Train's nose, was to look at almost 750 samples that could be genetically confirmed to species-level. While 494 of these belonged to southern tiger cats, there were also 63 that belonged to jaguars, 59 to pumas, 111 to ocelots, and 34 to bush dogs.

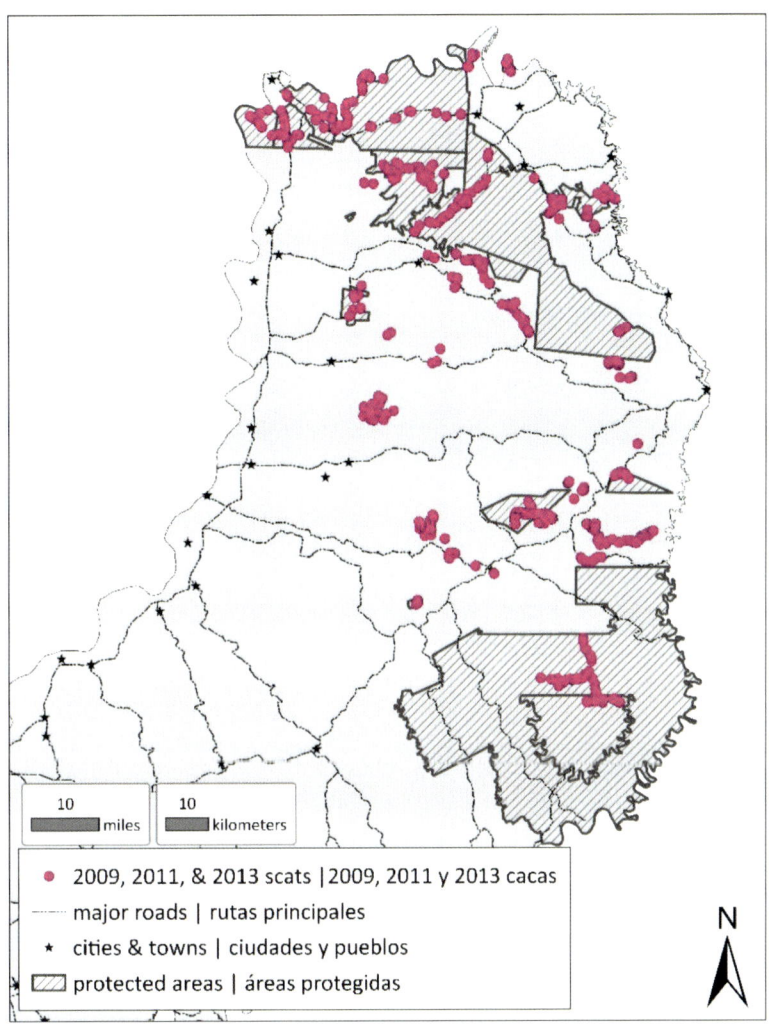

La nariz de Train permitió al equipo acceder a TONELADAS de datos sobre los cinco carnívoros diferentes, con la posibilidad de analizar esos datos de muchas maneras. Uno de los grandes análisis que realizó el equipo con los datos generados con la nariz de Train fue examinar unas 750 muestras que pudieron confirmarse genéticamente a nivel de especie. De ellas, 494 pertenecieron a tiricas, 63 a yaguaretés, 59 a pumas, 111 a ocelotes y 34 a zorros pitocos.

> These data combined represented an incredible data set not previously available for the northern-central zone of Misiones.

There is a special note that needs to be highlighted with this data, which is related to those 34 bush dog samples that were located by Train. While this might not seem like a lot or anything special compared to the big cats or the large quantity of southern tiger cat samples, it marks a first for the bush dog. These samples represented the first comprehensive genetic study on the small and rarely seen bush dog. Before Train, data of this kind did not exist for the bush dog, despite its enormous distribution from Central America to northern Argentina.

> Estos datos combinados representaron un increíble conjunto de información no disponibles anteriormente para la zona centro-norte de Misiones.

Hay una nota especial que debe destacarse con estos datos, que está relacionada con esas 34 muestras de zorro pitoco que fueron localizadas por Train. Aunque esto pueda no parecer mucho o nada especial en comparación con los grandes felinos o la gran cantidad de muestras de tirica, supone una primicia para el zorro pitoco. Estas muestras representaron el primer estudio genético exhaustivo sobre el pequeño y rara vez visto zorro pitoco. Antes de Train, no existían datos de este tipo para el zorro pitoco, a pesar de su enorme distribución desde América Central hasta el norte de Argentina.

Train clearly demonstrated that a conservation detection dog could open new doors for studying bush dogs and other species that have proven difficult to study using standard survey techniques.

Train demostró claramente que un perro detector para conservación podía abrir nuevas puertas para estudiar el zorro pitoco y otras especies que han demostrado ser difíciles de evaluar utilizando técnicas de estudios habituales.

Go Train!

¡Vamos, Train!

Just as the team had special lab techniques to solve the mystery of what samples belonged to which species, they also had computer programs that allowed them to look at how these individual samples from different species related to different types of habitats, human infrastructure, and protected areas.

Al igual que el equipo disponía de técnicas especiales de laboratorio para resolver el misterio de qué muestras pertenecían a qué especie, también contaban con programas informáticos que les permitían ver cómo estas muestras individuales de diferentes especies se relacionaban con diferentes tipos de hábitats, infraestructura humana y áreas protegidas.

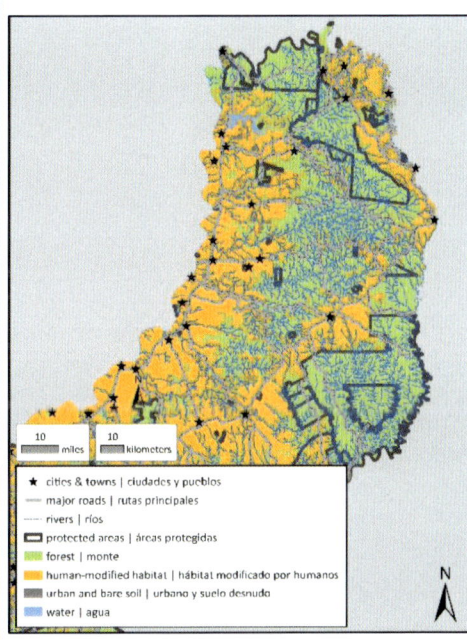

These programs involved GIS (Geographic Information Systems), which uses geographic or spatial data to evaluate the locations of the scat relative to natural and man-made features across the landscape.

Estos programas incluían SIG (Sistemas de Información Geográfica), que utilizan datos geográficos o espaciales para evaluar las ubicaciones de las heces en relación con las características naturales y artificiales en todo el paisaje.

This type of analysis uses the fact that all things in the world, natural (e.g., trees) or man-made (e.g., buildings), have what is known as a georeferenced or absolute location.

Este tipo de análisis utiliza el hecho de que todas las cosas en el mundo, naturales (por ejemplo, árboles) o artificiales (por ejemplo, edificios), tienen lo que se conoce como una ubicación georreferenciada o absoluta.

These locations are often described in terms of their latitude, or measurement north or south of the Equator (left image), and longitude, or measurement east or west of the prime meridian at Greenwich (right image), which when combined, can provide something's exact location on Earth.

Estas ubicaciones a menudo se describen en términos de su latitud, o medida al norte o sur del ecuador (imagen de la izquierda) y longitud, o medida al este u oeste del primer meridiano de Greenwich (imagen de la derecha), que, cuando se combinan, pueden proporcionar la ubicación exacta de algo en la Tierra.

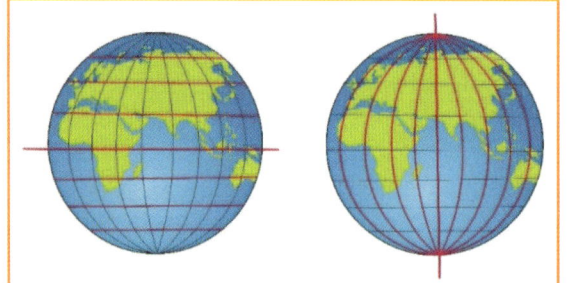

For Karen and the team, this meant they could take the physical location of each scat and compare it to the natural and man-made features that animals may encounter, as they move across northern-central Misiones.

Para Karen y el equipo, esto significó que podían tomar la ubicación física de cada excremento y compararla con las características naturales y artificiales que los animales pueden encontrar a medida que se mueven por el centro-norte de Misiones.

This included whether the habitat was intact (Atlantic Forest) or modified (e.g., monoculture plantations, agriculture), whether the land was legally protected (e.g., in a provincial park), the distance to roads (e.g., next to or far away), and proximity to humans (e.g., in their backyard or some distance away).

Esto incluía si el hábitat estaba intacto (Bosque Atlántico) o modificado (por ejemplo, plantaciones de monocultivos, agricultura), si la tierra estaba protegida legalmente (por ejemplo, en un parque provincial), la distancia a las carreteras (por ejemplo, al lado o lejos) y proximidad a los humanos (por ejemplo, en su patio trasero o a cierta distancia).

This also included not just the physical location of the scat, but the genetic information the team had extracted in the lab, including the donor species, individual identity, and whether that individual was a male or female.

Esto también incluyó no solo la ubicación física de las heces, sino también la información genética que el equipo había extraído en el laboratorio, incluida la especie donante, la identidad individual y si ese individuo era macho o hembra.

With this, Karen and the team were able to evaluate how species differed in their habitat use, what types of areas were considered suitable for different species, and how the five carnivores overlapped each other in these two conditions.

Con esto, Karen y el equipo pudieron evaluar cómo diferían las especies en su uso del hábitat, qué tipos de áreas se consideraban adecuadas para diferentes especies y cómo se solapaban los cinco carnívoros en estas dos condiciones.

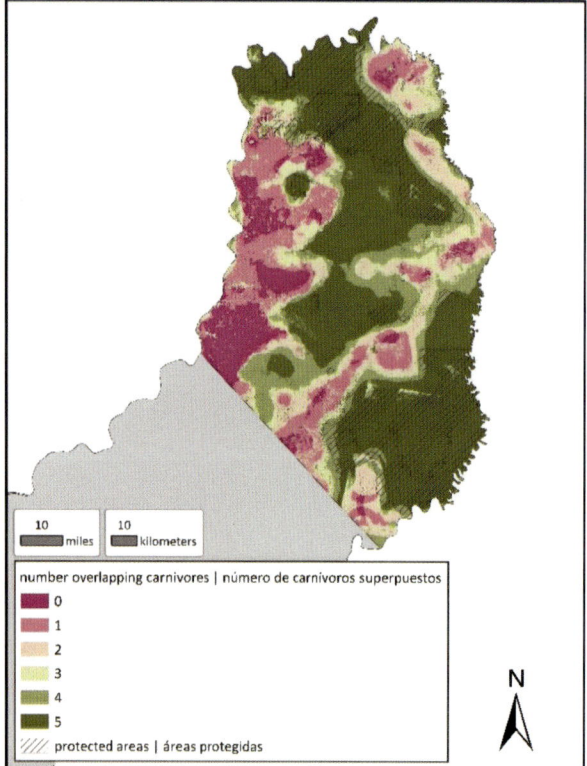

Where did suitable habitat exist for all five species?
Where were areas that no suitable habitat existed for all five species?
Where were those areas that fell between these two extreme conditions?

¿Dónde existía un hábitat adecuado para las cinco especies?
¿Dónde había áreas en las que no existía un hábitat adecuado para las cinco especies?
¿Dónde estaban esas zonas que se encontraban entre estas dos condiciones extremas?

Together, all this information meant the team could identify the optimal area that maximized the ability of these five carnivores to move, which would maximize their long-term survival.

En conjunto, toda esta información permitió al equipo identificar el área óptima que maximizaba la capacidad de desplazamiento de estos cinco carnívoros, lo que maximizaría su supervivencia a largo plazo.

In addition, the team was able to locate areas of overlap between carnivores and humans, which could indicate areas of potential for conflict with humans. Human-wildlife conflict is when interactions between them lead to negative results for both. For example, a carnivore attacking livestock or deer trampling or eating domestic crops.

Además, el equipo pudo localizar áreas de superposición entre carnívoros y humanos, lo que podría indicar áreas de conflicto potencial con los humanos. El conflicto entre humanos y vida silvestre ocurre cuando las interacciones entre ellos conducen a resultados negativos para ambos. Por ejemplo, un carnívoro que ataca al ganado o un ciervo que pisotea o come cultivos domésticos.

While human-wildlife conflict implies that wildlife is deliberately acting against humans, this view ignores the 'conflict' side of things. Human populations are expanding into more rural areas, which means humans are living in the 'backyards' of what wildlife calls 'home'.

Si bien el conflicto entre humanos y vida silvestre implica que la vida silvestre actúa deliberadamente contra los humanos, este punto de vista ignora el lado del 'conflicto' de las cosas. Las poblaciones humanas se están expandiendo a áreas más rurales, lo que significa que los humanos viven en los 'patios traseros' de lo que la vida silvestre llama 'hogar'.

To solve human-wildlife conflict, it is essential to identify areas of potential conflict, find ways to balance the needs of humans and wildlife, and implement strategies that minimize potential conflict.

Para resolver los conflictos entre humanos y vida silvestre, es esencial identificar áreas de conflicto potencial, encontrar formas de equilibrar las necesidades de los humanos y la vida silvestre e implementar estrategias que minimicen los conflictos potenciales.

Unfortunately, human-wildlife conflict is a reality in Misiones, as well as many other areas in the world, so understanding it is essential to developing realistic and feasible conservation strategies.

Desafortunadamente, el conflicto entre humanos y vida silvestre es una realidad en Misiones, así como en muchas otras áreas del mundo, por lo que comprenderlo es esencial para desarrollar estrategias de conservación realistas y viables.

The ability to use Train's data to identify a biological corridor that captured the breadth and depth of needs for these five carnivores meant that the team could identify areas that needed protection from habitat loss, areas that needed habitat restoration, and those areas that had a combination of these two needs.

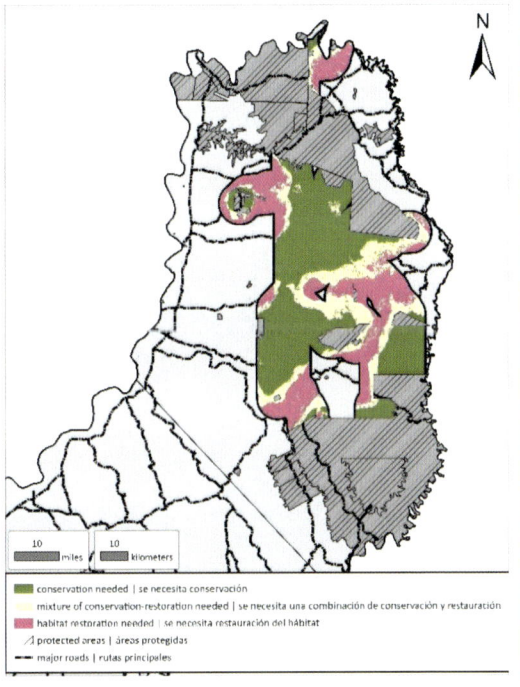

La capacidad de utilizar los datos de Train para identificar un corredor biológico que capturare la amplitud y profundidad de las necesidades de estos cinco carnívoros significaba que el equipo podía identificar las áreas que necesitaban protección frente a la pérdida de hábitat, las áreas que necesitaban restauración del hábitat y aquellas áreas que tenían una combinación de estas dos necesidades.

It would mean that the long-term survival of these five carnivores would be protected, as the corridor would provide habitat connection between existing protected areas, which would ensure their daily movements across the landscape.

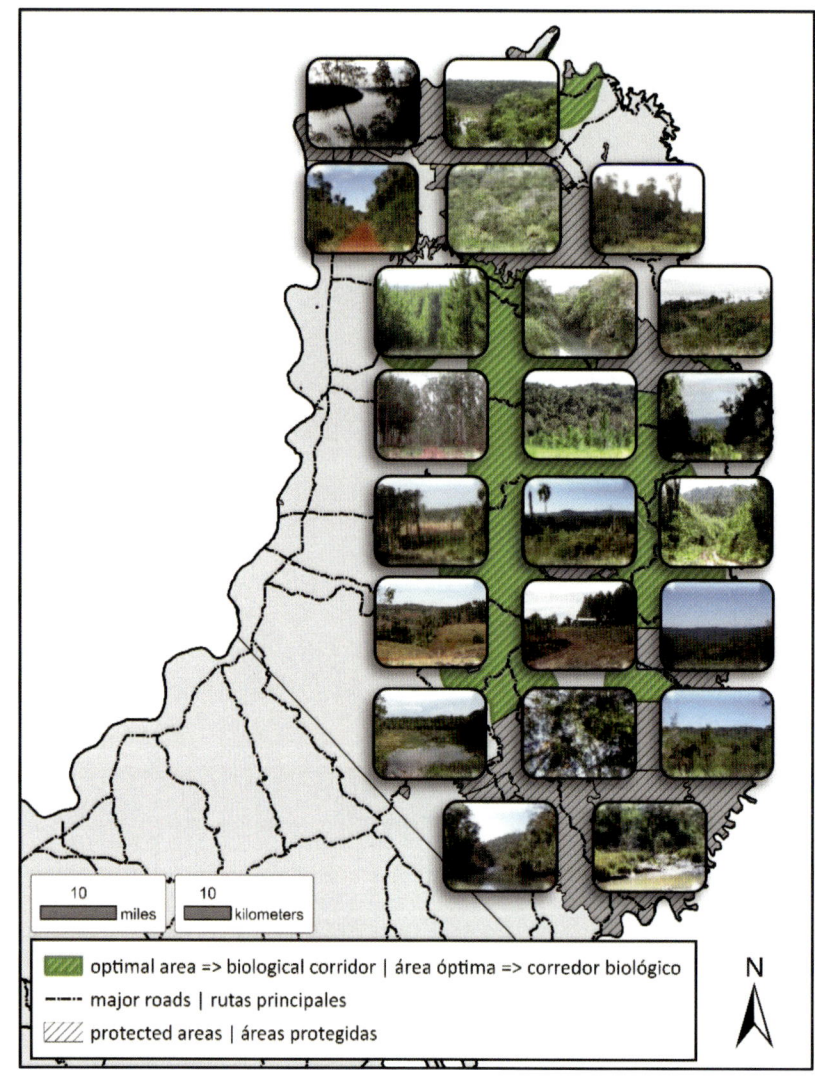

Significaría que la supervivencia a largo plazo de estos cinco carnívoros estaría protegida, ya que el corredor proporcionaría una conexión de hábitats entre las áreas protegidas existentes, lo que garantizaría sus desplazamientos diarios a través del paisaje.

However, it went way beyond this, as it meant that all the different species that lived in these areas with the carnivores would also be protected and conserved long-term.

Sin embargo, iba mucho más allá, ya que significaba que todas las diferentes especies que vivían en estas áreas con los carnívoros también estarían protegidas y conservadas a largo plazo.

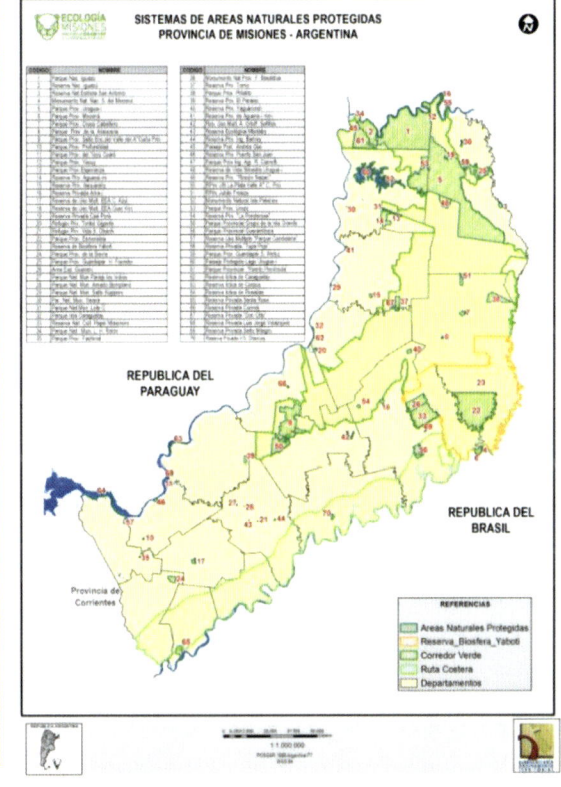

While the government aimed to do this same thing in the late 1990's, with a legal act that created the Green Corridor of Misiones, little or no reinforcement of this law meant connection between the protected areas in the northern and central zones of Misiones was put at risk.

Si bien el gobierno intentó hacer lo mismo a fines de la década de 1990, con un acto legal que creó el Corredor Verde de Misiones, el escaso o nulo refuerzo de esta ley puso en riesgo la conexión entre las áreas protegidas en las zonas norte y centro de Misiones.

Train's data from these three years of field surveys provided the first step in a new effort to make the Green Corridor of Misiones a reality.

Los datos obtenidos por Train en estos tres años de estudio a campo constituyeron el primer paso de un nuevo esfuerzo para hacer realidad el Corredor Verde de Misiones.

While Karen and the team were thrilled with the results from the lab work and spatial analyses, all of this was boring to Train. Like the long trips in the field, Train seemed to understand these breaks in field work were necessary. However, what he dreamt about and looked forward to was the next field season.

Si bien Karen y el equipo estaban encantados con los resultados del trabajo de laboratorio y los análisis espaciales, todo resultaba aburrido para Train. Al igual que los largos viajes por el monte, Train parecía entender que estos descansos en el trabajo a campo eran necesarios. Sin embargo, lo que soñaba y esperaba con impaciencia era la siguiente temporada a campo.

He was ready, when would it start?

Estaba listo, ¿cuándo comenzaría?

Little did Train know that Proyecto Zorro Pitoco was about to make the game bigger and better for him, with more species to find, which meant more play time with the ball, the ball, the ball.

Poco sabía Train que el Proyecto Zorro Pitoco estaba a punto de hacer el juego más grande y mejor para él, con más especies que encontrar, lo que significaba más tiempo de juego con la pelota, la pelota, la pelota.

10 – More species, no problem.

In 2009, 2011, and 2013 Train focused on finding scat from the five carnivores, which Proyecto Zorro Pitoco used to locate the optimal area to start on-the-ground conservation work.

All the data Train located on carnivores over such a large area and under varying conditions allowed the team to capture the breadth of needs for the five carnivores.

10 – Más especies, no hay problema.

En 2009, 2011 y 2013, Train se centró en la búsqueda de heces de los cinco carnívoros, que el Proyecto Zorro Pitoco utilizó para definite el área óptima para iniciar el trabajo de conservación en el terreno.

Todos los datos que Train proporcionó sobre los carnívoros en un área tan extensa y bajo condiciones tan variadas permitieron al equipo captar la amplitud de las necesidades de los cinco carnívoros.

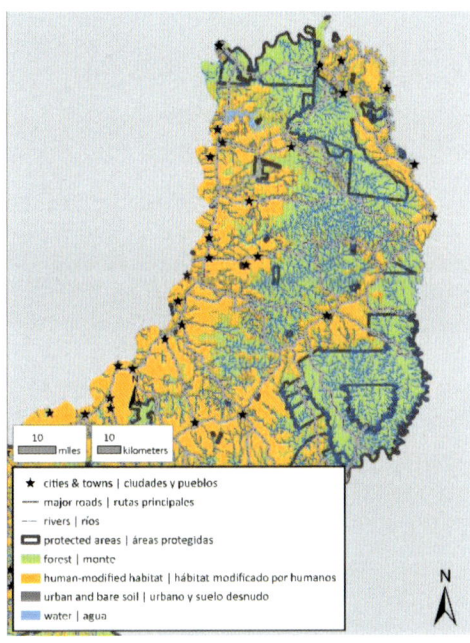

Train's nose had allowed the team to understand how the jaguar avoided areas near people, but the puma was more flexible.

La nariz de Train había permitido al equipo entender cómo el yaguareté evitaba las áreas cercanas a las personas, pero el puma era más flexible.

The ocelot was in between but the tiny southern tiger cat was very flexible, like the bush dog.

El ocelote se situaba en una posición intermedia, pero el pequeño tirica era muy flexible, igual que el zorro pitoco.

Because the corridor was modelled using information on different habitat types and human presence, it meant it presented areas that would hopefully help find a balance between humans and wildlife.

Como el corredor se modeló utilizando información sobre diferentes tipos de hábitat y presencia humana, presentaba áreas que, con suerte, ayudarían a encontrar un equilibrio entre humanos y fauna silvestre.

However, the team discovered there was another threat to the long-term survival of these carnivores: illegal hunting or poaching of game or prey species. Carnivores need food to survive! However, carnivores were not the only thing looking for their prey species, as humans were also targeting them.

Sin embargo, el equipo descubrió que existía otra amenaza para la supervivencia a largo plazo de estos carnívoros: la caza ilegal o la caza furtiva de especies de caza o presa. ¡Los carnívoros necesitan comida para sobrevivir! Sin embargo, los carnívoros no eran los únicos que buscaban sus especies presa, sino que los humanos las tenían como objetivo.

Carnivores love to eat paca, but so do humans. Carnivores love to hunt peccary, a type of wild pig, but so do humans. Even the gigantic tapir is consumed by carnivores, but their meat is also prized by humans.

A los carnívoros les encanta comer paca, pero también a los humanos. A los carnívoros les encanta cazar pecaríes, un tipo de cerdo salvaje, pero también a los humanos. Incluso el gigantesco tapir es consumido por los carnívoros, pero su carne también es apreciada por los humanos.

While hunting is allowed in some areas of Argentina, in the province of Misiones, all hunting is considered illegal or poaching.

Si bien la caza está permitida en algunas áreas de Argentina, en la provincia de Misiones, todo tipo de caza se considera ilegal o furtiva.

However, that does not mean it stops people.

Sin embargo, eso no significa que detenga a las personas.

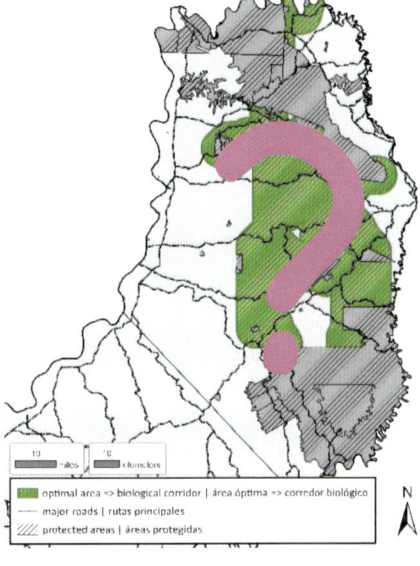

The team realized that they needed to understand how prey species were distributed across the biological corridor.

El equipo se dio cuenta de que necesitaban entender cómo se distribuían estas especies de presas a lo largo del corredor biológico.

As with carnivores, camera trap photos might determine the presence of a prey species but typically failed to determine number of individuals or the sex of those individuals.

Al igual que en el caso de los carnívoros, las fotos de cámaras trampa podían determinar la presencia de una especie presa, pero generalmente no permitían determinan el número de individuos ni el sexo de esos individuos.

While there was information from within protected areas, little or no data existed outside of protected areas, near humans, and in fragmented habitat.

Aunque existía información dentro de las áreas protegidas, los datos eran escasos o inexistentes fuera de ellas, cercana a los humanos y en hábitats fragmentados.

To make it more complicated, prey had an extra challenge focused on them, as not only were carnivores looking to eat them, but humans targeted them.

Para complicarlo aún más, las presas tenían un desafío adicional centrado en ellos, ya que no sólo los carnívoros buscaban comérselas, sino que los humanos las tenían como objetivo.

The team knew they needed a better understanding of prey species across this biological corridor if the Green Corridor of Misiones was to become a reality.

El equipo sabía que necesitaban una mejor comprensión de las especies de presa a través de este corredor biológico si el Corredor Verde de Misiones se convertiría en una realidad.

Where are prey found?
How do they overlap with the different habitat preferences of the five carnivores?
How does prey navigate fragmented habitat and areas near humans?
Are there areas where illegal hunting is so intense that prey populations are low or missing?
Were the populations of prey in trouble due to poaching?
Was the long-term survival of carnivores threatened by a lack of prey to eat?

¿Dónde se encuentran las presas?
¿Cómo se solapan con las diferentes preferencias de hábitat de los cinco carnívoros?
¿Cómo navegan las presas por hábitats fragmentados y áreas cercanas a los humanos?
¿Existen áreas donde la caza ilegal es tan intensa que las poblaciones de presas son bajas o están ausentes?
¿Estaban las poblaciones de presas en problemas debido a la caza furtiva?
¿Estaba amenazada la supervivencia a largo plazo de los carnívoros por la falta de presas como alimento?

The ability for humans to find prey scat would be even more difficult than carnivores.

Unlike carnivores that might defecate in obvious locations, on trails, or open areas, prey scats are typically located off trails.

La capacidad de los humanos para encontrar heces de presa sería aún más difícil que para el caso de los carnívoros.

A diferencia de los carnívoros, que pueden defecar en lugares obvios, en senderos o áreas abiertas, las heces de las presas generalmente se encuentran fuera de los senderos.

They can be in the middle of the forest, deep in the dense bamboo, somewhere in a pine plantation, or even in the middle of a pasture.

Pueden estar en medio del monte, en lo más profundo del denso bambú, en algún lugar de una plantación de pinos, o incluso en medio de un pastizal.

In addition, size is an issue. Except for the tapir, which is more like a giant horse scat, most prey species have scats that are small.

Además, el tamaño es un problema. A excepción del tapir, que genera heces parecidas a la de un caballo, la mayoría de las especies de presas dejan heces pequeñas.

Their small size means that they will often partially or completely disappear in the vegetation on the forest floor, within patches of grass, under dry bamboo leaves, or into piles of pine needles.

Su pequeño tamaño hace que a menudo desaparezcan parcial o completamente entre la vegetación en el suelo del monte, entre parches de hierba, debajo de hojas secas de bambú o en montones de agujas de pino.

All out of the vision of humans!

¡Todo fuera del alcance de la vista humana!

Proyecto Zorro Pitoco needed Train's help!

They needed his nose to find even more species. They wanted him to find prey species, so they could understand how they were distributed relative to carnivores, different habitat types, and poaching pressure. The ability to understand prey species alongside the carnivores that depended on them meant that they could ensure the biological corridor they had just designed accounted for these additional pressures facing prey.

¡El Proyecto Zorro Pitoco necesitaba la ayuda de Train!

Necesitaban su nariz para encontrar aún más especies. Querían que encontrara especies presa de carnívoros, para poder entender cómo se distribuían en relación con los carnívoros, los diferentes tipos de hábitat y la presión de la caza furtiva. La capacidad de comprender las especies de presas junto con los carnívoros que dependen de ellas les permitía asegurarse de que el corredor biológico que acababan de diseñar tenía en cuenta estas presiones adicionales a las que se enfrentaban las presas.

How were the prey populations managing? What areas needed more vigilance to prevent illegal hunting? What areas were doing ok but maybe in need of habitat restoration or protection?

¿Cómo se manejaban las poblaciones de presas? ¿Qué áreas necesitaban más vigilancia para evitar la caza ilegal? ¿Qué áreas estaban bien, pero tal vez necesitaban restauración o protección del hábitat?

So, in 2016, Train went back to school to learn the four new odors that Karen wanted him to find: tapir, white-lipped peccary, collared peccary, and paca.

Así que, en 2016, Train regresó a la escuela para aprender los cuatro nuevos olores que Karen quería que encontrara: tapir, pecarí labiado, pecarí de collar y paca.

The challenge for Train with these odors was a little more complex than just adding four more things for the game of search-and-find. Just as there was variation in the carnivores, the same was true for the prey species.

El desafío para Train con estos olores fue un poco más complejo que simplemente añadir cuatro cosas más al juego de buscar y encontrar. Así como había variación en los carnívoros, lo mismo era cierto para las especies de presa.

Paca had tiny scat and lived in burrows or underground holes. Peccary lived in groups of various sizes and covered large areas over diverse habitat types. Tapirs were an oddball that had giant scat but liked to be near water. Scats of all sizes. Scats in all types of areas. Some scats by themselves and others probably in massive grouping.

La paca genera heces diminutas y vive en madrigueras o agujeros subterráneos. Los pecaríes viven en grupos de varios tamaños y cubren grandes áreas en diversos tipos de hábitat. Los tapires son un bicho raro que deja heces gigantes pero que les gusta estar cerca del agua. Heces de todos los tamaños. Heces en todo tipo de zonas. Algunos solos y otros probablemente en grupos masivo.

Could Train, do it?
Could he find nine odors, five carnivores and four prey species, that varied in diet, size, and location across the biological corridor?

¿Podría Train, hacerlo?
¿Podría encontrar nueve olores, cinco carnívoros y cuatro especies de presa, que variaban en dieta, tamaño y ubicación a través del corredor biológico?

You bet!

¡Ya lo creo!

The first test was just like the trials with carnivores. Train needed to catalog the odors of the four prey species that Karen wanted. Then, he needed to 'fine-tune' his olfactory search image to ignore other prey species that might have similar odors and be found in similar areas, like deer and other rodents.

La primera prueba fue igual que las pruebas con carnívoros. Train necesitaba catalogar los olores de las cuatro especies de presa que Karen quería. Después, necesitaba 'afinar' su imagen de búsqueda olfativa para ignorar otras especies de presas que podrían tener olores similares y encontrarse en áreas similares, como ciervos y otros roedores.

These new odors seem to bring Train's enthusiasm for the work to a new level if that was even possible! He seemed to find the new prey odors all part of a fascinating, new world.

¡Estos nuevos olores parecían llevar el entusiasmo de Train por el trabajo a un nuevo nivel, ¡si es que eso fuera posible! Parecía encontrar que los nuevos olores de las presas formaban parte de un mundo nuevo y fascinante.

Odors that he was supposed to previously ignore, were now things he could find for the ball, the ball, the ball.

Los olores que antes debía ignorar ahora eran cosas que podía encontrar por la pelota, la pelota, la pelota.

The game of 'find-and-play' just went up a level and Train could only say, bring it on!

El juego de 'buscar y encontrar' simplemente subió de nivel y Train podía decir, ¡adelante!

11 - Nine species, yes, I can.	*11 - Nueve especies, sí, puedo.*
In 2016 and 2018, Train led Karen and the team across the biological corridor that Proyecto Zorro Pitoco had modeled. He took them through dense forest, plantations of pine and eucalyptus, agricultural fields of yerba mate and black tea, and pastures with cows and horses.	En 2016 y 2018, Train guió a Karen y al equipo a través del corredor biológico que el Proyecto Zorro Pitoco había modelado. Los guió a través del denso monte, de plantaciones de pino y eucaliptos, campos agrícolas de yerba mate y té negro, y pastizales con vacas y caballos.

Train's circle of friends continued to grow, with new field assistants, kids in homes he worked near, and remote schools.

El círculo de amigos de Train continuó creciendo, con nuevos asistentes de campo, niños de casas cercanas a las que trabajaba y escuelas remotas.

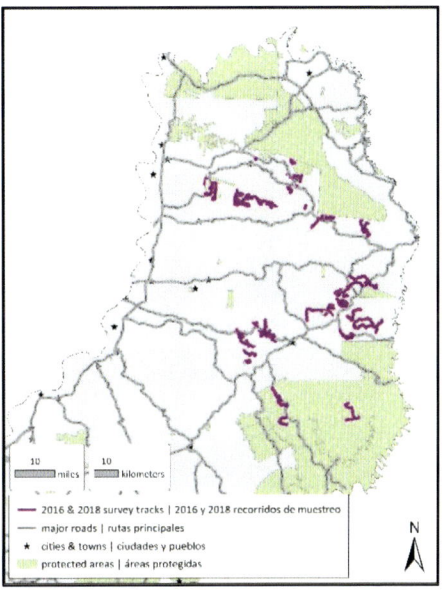

In just two years, the team covered about 600 miles, which meant that Train covered almost 1,800 miles or a distance equal to him walking two-thirds of the horizontal distance across the U.S.A.!

En sólo dos años, el equipo recorrió unos 960 kilómetros (600 millas), lo que significaba que Train cubrió casi 2.880 kilómetros (1.800 millas) o una distancia equivalente a si recorriera a pie idos tercios de la distancia horizontal de los Estados Unidos!

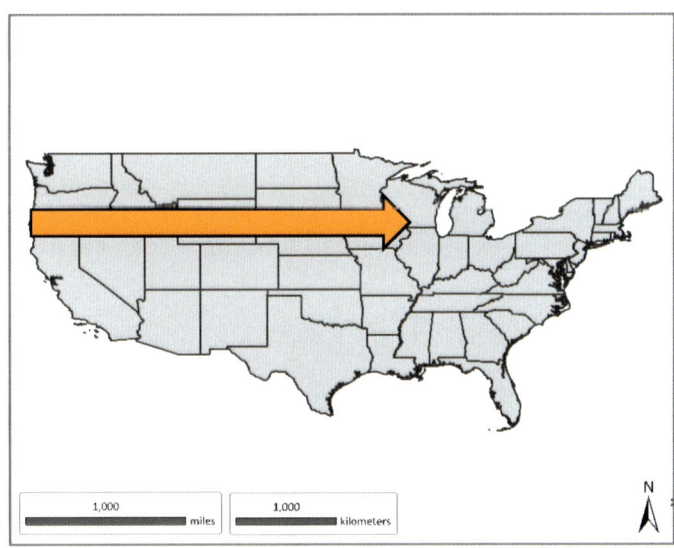

With Train's nose, the team determined that jaguar, puma, and tapir could be present in fragmented areas near humans, something many people thought was impossible.

Con la nariz de Train, el equipo determinó que el yaguareté, el puma y el tapir podían estar presentes en áreas fragmentadas cercanas a los humanos, algo que mucha gente creía imposible.

The team used the expanded data set on carnivores and new data set on prey to set management strategies for individual species and the land in the corridor.

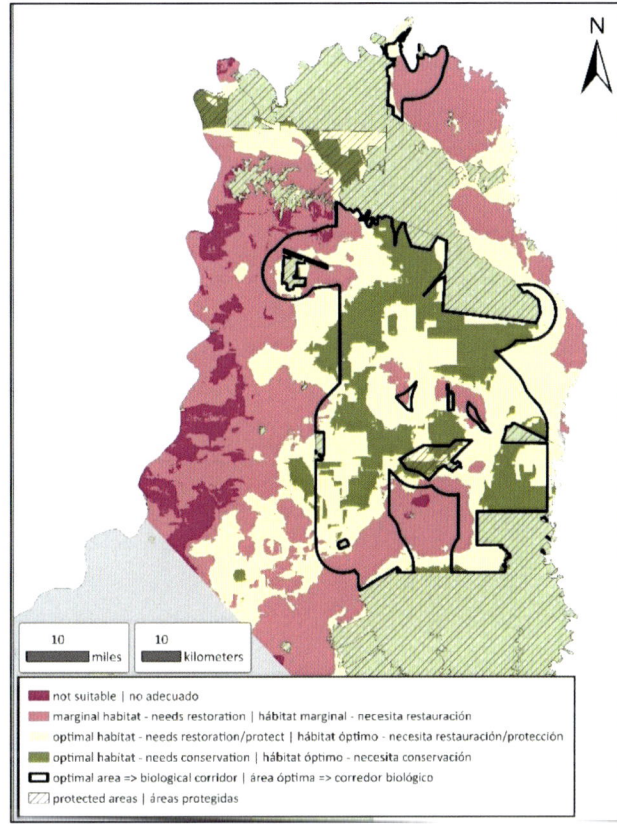

El equipo utilizó el conjunto ampliado de datos sobre carnívoros y el nuevo conjunto de datos sobre presas para establecer estrategias de gestión para las especies individuales y la tierra del corredor.

The team could now understand how the five carnivores were distributed across intact and fragmented habitats, how each species positioned themselves relative to humans, which species were more flexible in their habitat preferences, and which were stricter, and even how the different species overlapped each other.

El equipo pudo entender ahora cómo se distribuían los cinco carnívoros en hábitats intactos y fragmentados, cómo se posicionaba cada especie en relación con los humanos, qué especies eran más flexibles en sus preferencias de hábitat y cuáles eran más estrictas, e incluso cómo se solapaban entre sí las diferentes especies.

Train's nose allowed so much information of the nine species that Karen wanted. His nose allowed the Proyecto Zorro Pitoco team to look at how the carnivore and prey species varied in their habitat preferences. His nose allowed them to finally collect that long missing data on prey species outside of protected areas and near humans.

La nariz de Train permitió obtener mucha información de las nueve especies que Karen quería. Su nariz permitió al equipo del Proyecto Zorro Pitoco observar cómo las especies de carnívoros y presas variaban en sus preferencias de hábitat. Su nariz permitió les recopilar por fin los datos que tanto tiempo esperaban obtener sobre esas especies de presas fuera de las áreas protegidas y cerca de los humanos.

Train did not find carnivores one day and then prey the next. The carnivores and prey were found as his nose passed over the ground. Maybe it was a bunch of carnivores followed by a prey or vice versa. Maybe it was a single prey followed by a single carnivore or a random pattern with various numbers of samples.

Train no encontró carnívoros un día y presas al siguiente. Los carnívoros y las presas se encontraban a medida que su nariz pasaba por el terreno. Quizás era un grupo de carnívoros seguidos por una presa o viceversa. Tal vez era una sola presa seguida de un solo carnívoro o un patrón aleatorio con varios números de muestras.

No matter the distribution, Train found them, which meant that Karen and the team could finally understand the distribution, overlap, and unique areas among prey and carnivores on a scale that was never possible.

No importaba la distribución, Train los encontraba, lo que significaba que Karen y el equipo podían comprender por fin la distribución, la superposición y las áreas únicas entre presas y carnívoros en una escala que nunca había sido posible.

Along all these miles Train located lots of samples from the five carnivores but also scats from the four prey species.

A lo largo de todos estos kilómetros Train localizó innumerables muestras de los cinco carnívoros, pero también heces de las cuatro especies de presas.

He found giant tapir scats that smelled like a horse and were typically full of pindo, a type of palm fruit the tapir loved to eat in large quantities.

Encontró heces de tapires gigantes que olían a caballo y estaban típicamente llenas de pindó, un tipo de fruta de palmera que al tapir le encanta comer en grandes cantidades.

Peccary samples that looked like pig scat or lots of gumballs stuck together. Sometimes Train would find dozens of scats from different individual peccary in one area, almost like they had a big eat and poop party!

Las muestras de pecaríes parecían heces de cerdo o muchas bolas de chicle pegadas entre sí. A veces, Train encontraba docenas de cacas de diferentes pecaríes individuales en una misma área, ¡casi como si hubieran celebrado una gran fiesta donde se comía y defecaba!

It was especially funny to watch Train find one peccary scat and while playing with his ball, you could see the lightbulb go off in his head.

Fue especialmente divertido ver a Train encontrar una muestra de pecarí y mientras jugaba con su pelota, ver cómo se le prendía la lamparita en la cabeza.

> Wait a minute, there is another sample near me!

> Espera un minuto, ¡hay otra muestra cerca mía!

Train would walk away with the ball in his mouth to that new sample and mark the sample, never letting go of the ball. Karen had to get creative when this happened as Train seemed to forget he already had a ball in his mouth! He would look at Karen like, 'give me the ball please'. When Karen pulled out her second ball from the magic pouch around her waist, Train would spit out the first ball like an old piece of gum and grab the new one.

Train se alejaba hacia esa nueva muestra con la pelota en la boca y la marcaba, sin soltar la pelota jamás. Karen tenía que ser creativa cuando esto ocurría, ¡ya que Train parecía olvidar que ya tenía una pelota en la boca! Miraba a Karen como diciendo, 'dame la pelota, por favor'. Cuando Karen sacaba su segunda pelota de la bolsa mágica que llevaba alrededor de su cintura, Train escupía la primera como si fuera un chicle viejo y tomaba la nueva.

> Silly boy!

> ¡Chico tonto!

Paca was probably the biggest challenge not for Train, but for Karen!

Train's nose could find the tiny paca samples that were the size of pasta from boxed macaroni and cheese. Tiny, especially when it was hidden in leaves and dirt.

But Train was so patient with Karen. After a clear alert, he waited patiently for Karen to find what was so obvious to his nose but often hidden from Karen's eyes. Sometimes he was almost vibrating with anticipation by the time Karen would confirm there was a sample present.

But oh, was that ball so worth the wait!

La paca fue probablemente el mayor desafío, no para Train, ¡sino para Karen!

La nariz de Train podía encontrar las diminutas muestras de caca de paca que eran del tamaño de una pasta de macarrones con queso, de caja. Diminutas, especialmente cuando estaban escondidas entre hojas y tierra.

Pero Train fue muy paciente con Karen. Después de una alerta clara, esperaba pacientemente a que Karen encontrara lo que para su nariz era tan obvio, pero a menudo oculto a los ojos de Karen. A veces casi vibraba de impaciencia cuando Karen confirmaba la presencia de una muestra.

Pero oh, ¡valió la pena la espera de esa pelota!

12 – Trust = policy changes	12 – Confianza = cambios de políticas
No matter what you called it, work or fun, Train had earned the reputation of 'a big brown machine'.	Lo llamen como lo llamen, trabajo o diversión, Train se había ganado la reputación de 'un gran máquina marrón'.
There were no doubts in the minds of anyone that watched him work that if a sample was out there and Karen helped put his nose in the odor that Train would find it.	Cualquiera que lo vía trabajar no tenía ninguna duda de que si había una muestra y Karen lo ayudaba a sumergir la nariz en el olor, Train la encontraría.

There were no doubts that Train's results were trusted.

No había dudas de que se podía confiar en los resultados de Train.

He had made it clear that he had the ability to locate data reliably and repeatedly on not one species but nine species in the province of Misiones.

Había dejado claro que tenía la capacidad de localizar de forma fiable y repetida no sólo sobre una especie sino sobre nueve especies en la provincia de Misiones.

If Train understood the power of his nose, maybe his head would have grown like the grinch's heart but for Train his love of the game and his people were all that mattered.

Si Train entendiera el poder de su nariz, tal vez su cabeza habría crecido como el corazón del Grinch, pero para Train su amor por el juego y su gente era todo lo que le importaba.

The force of Train went beyond being able to push through the dense vegetation of Misiones to find scat from nine different species.

La fuerza de Train fue más allá de ser capaz de abrirse paso a través de la densa vegetación de Misiones para localizar heces de nueve especies diferentes.

The force of Train went beyond collecting samples in a way never possible without his nose.

La fuerza de Train iba más allá de recolectar muestras de una forma que nunca hubiera sido posible sin su nariz.

Train's abilities to collect samples from nine species over an enormous area in five different field seasons meant that Proyecto Zorro Pitoco could not only track the nine species each survey, but they could track patterns. Patterns in how individual species were doing each field survey, with numbers of samples and where those samples were located. However, patterns also can be on a much larger scale, such as temporal changes.

Las habilidades de Train para recolectar muestras de nueve especies en un área enorme durante cinco temporadas de campo diferentes significaron que el Proyecto Zorro Pitoco no sólo podía monitorear las nueve especies en cada estudio, sino que también podían rastrear patrones. Patrones de cómo las especies individuales se desplazaban en cada muestreo a campo, a través del número de muestras y el lugar donde se ubicaban esas muestras. Sin embargo, los patrones también pueden ser a una escala mucho mayor, como los cambios temporales.

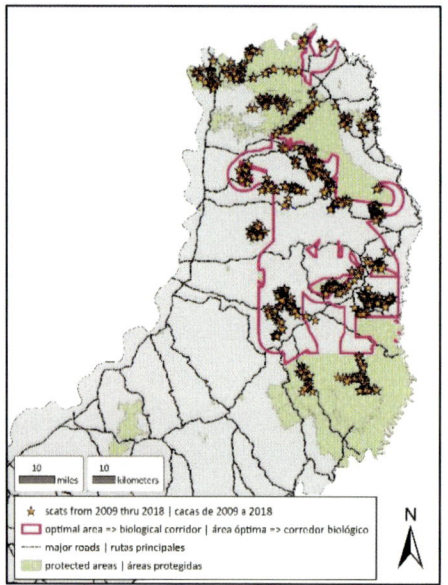

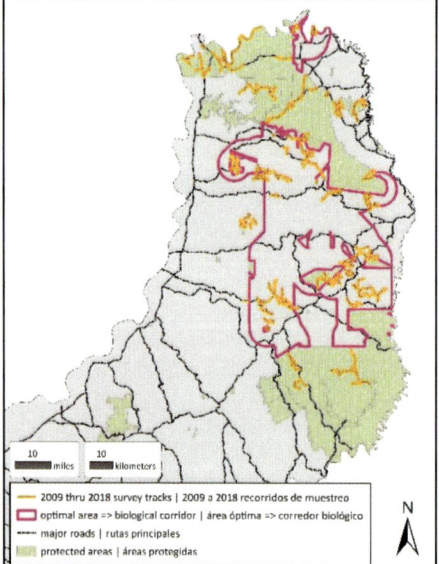

For example, how were individual species doing year to year?
Are there any shifts in the number of samples or where samples are being found between field surveys?

Por ejemplo, ¿cómo se comportan las especies de un año a otro?
¿Existen cambios en el número de muestras o en el lugar dónde se encuentran entre los muestreos a campo?

Train's nose and repeated surveys meant that Proyecto Zorro Pitoco could go beyond a snapshot of what was going on, such as presence or absence, and track trends.

La nariz de Train y los repetidos muestreos significaron que el Proyecto Zorro Pitoco podía ir más allá de una instantánea de lo que estaba sucediendo, como la presencia o la ausencia, y monitorear tendencias.

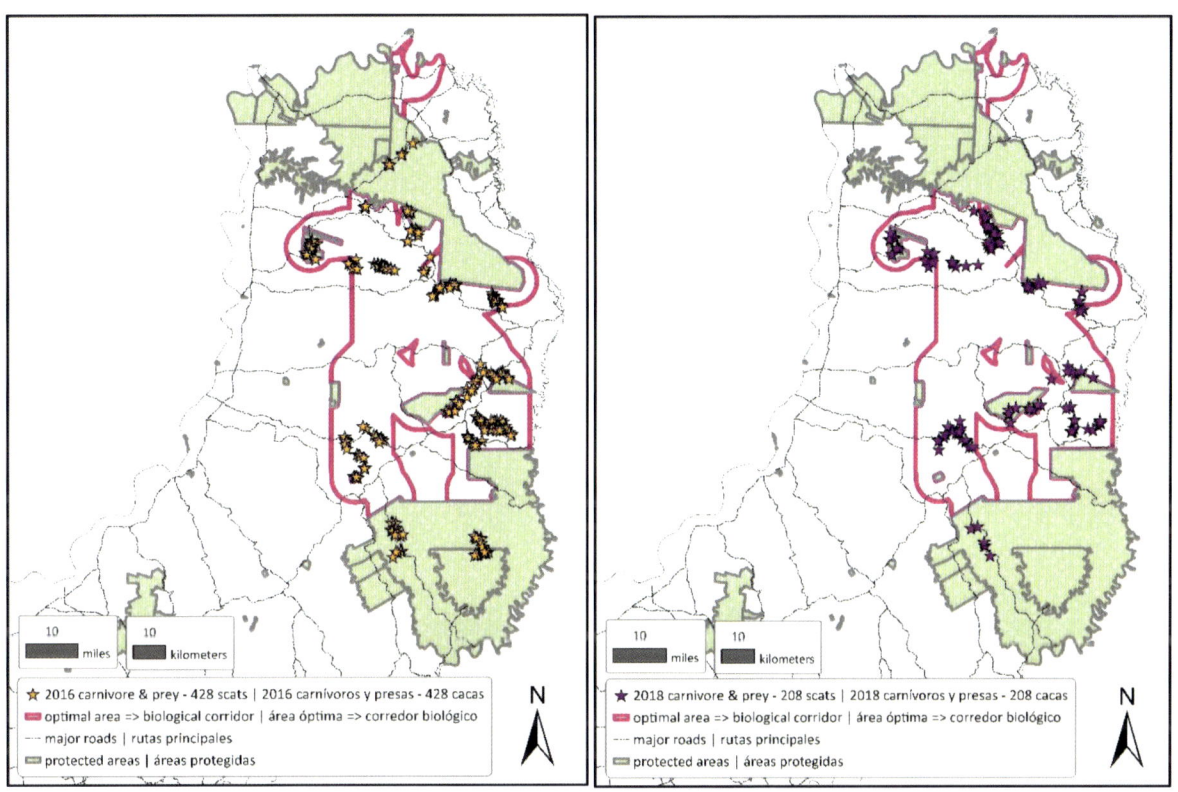

All of this meant that when Karen and the team noted an alarming and unexpected shift in the number of prey and carnivore scat Train located in 2016 versus 2018, the data was believed.

Todo esto significó que cuando Karen y el equipo notaron un cambio alarmante e inesperado en el número de heces de presas y carnívoros que Train localizó en 2016 en comparación con 2018, los datos fueran creíbles.

The shocking trend that they noted was an almost 50% decrease in the numbers of carnivore and prey scats in just two years!

La tendencia impactante que notaron fue una disminución de casi el 50% en el número de heces de carnívoros y presas ¡en solo dos años!

> There was no doubt that if Train did not find it, it was simply not there.

> No había duda de que, si Train no las encontró, simplemente es porque no estaban allí.

Unfortunately, this decline in samples was matched with a dramatic increase in the amount of evidence associated with illegal hunting Karen and the team found in their survey travels.

Desafortunadamente, ese descenso en el número de muestras coincidió con un aumento dramático en la cantidad de evidencia asociada a la caza ilegal que, Karen y el equipo, encontraron durante sus viajes de muestreo.

Empty ammunition cartridges, which given the fact there is no legal hunting, should never be found where wildlife is present.

Cartuchos vacíos, que, dado que la caza no es legal, nunca deberían encontrarse en un lugar donde hay animales silvestres.

Artificial salt lures, which involves putting salt in a soda bottle that has holes in the bottom. When this is hung in a naturally moist area, the salt slowly leaks out into the soil, creating a lure for prey species to the area.

Señuelos artificiales de sal, que consisten en poner sal en una botella de refresco con agujeros en el fondo. Cuando esto se cuelga en un área naturalmente húmeda, la sal se filtra lentamente en el suelo, creando un cebo para que las especies de presas acudan a esa zona.

Paired with these lures were hunting stands, where poachers wait to kill one or all animals that enter.

Junto a estos señuelos habían puestos de caza, donde los cazadores furtivos esperan para matar a uno o todos los animales que entren.

The team even saw armed hunters with dogs in remote wildlife areas.

El equipo incluso vio cazadores armados con perros en áreas remotas donde existe vida silvestre.

At the end of the 2018 field season, Proyecto Zorro Pitoco presented the Ministry of Ecology, the government agency that controls all things related to wildlife, with the evidence that Train found.

Al final de la temporada de campo en 2018, el Proyecto Zorro Pitoco presentó al Ministerio de Ecología, la agencia gubernamental que controla todo lo relacionado con la vida silvestre, toda la evidencia que Train había encontrado.

There was no question that the increased levels of poaching were the cause for the tremendous drop in carnivores and prey that occurred in just two years.

No existían dudas de que el aumento de los niveles de caza furtiva era la causa de la tremenda caída de muestras de carnívoros y presas que se produjo en tan solo dos años.

The team told the government that if there was no change in the way the biodiversity of Misiones was protected, the province of Misiones would be famous for maintaining one of the largest remnants of Interior Atlantic Forest; however, this forest would be dead or devoid of wildlife.

El equipo lo comunicó al gobierno, y advirtió que, si no se producía ningún cambio en la forma de proteger la biodiversidad de Misiones, la provincia de Misiones sería famosa por mantener uno de los mayores remanentes de Selva Atlántica Interior; sin embargo, este monte estaría muerto o desprovisto de vida silvestre.

Educators in the province of Misiones, and around the world, would be talking about 'once upon a time' with the region's unique biodiversity.

Los educadores de la provincia de Misiones, y de todo el mundo, hablarían de 'érase una vez' cuando se refirieran a la biodiversidad única de la región.

This is essentially a very sad and true reality facing not just Misiones, but many regions around the world.

Ésta es esencialmente una realidad muy triste y verdadera a la que se enfrenta no sólo Misiones, sino muchas regiones de todo el mundo.

What is key to this story is that the technique of using conservation detection dogs to survey biodiversity was trusted by the government. The government was a collaborator of Proyecto Zorro Pitoco since day one.

Lo que es clave en esta historia es que el gobierno confió en la estrategia de usar perros detectores de conservación para estudiar la biodiversidad. El gobierno fue colaborador del Proyecto Zorro Pitoco desde el primer día.

They knew how detection dogs worked, they had participated in field surveys with Train, and they had seen the data that Train had located since 2009.

Sabían cómo funcionaban los perros detectores, habían participado en estudios a campo con Train y habían visto los datos que Train había proporcionado desde 2009.

The technique was trusted. The team was trusted. So, the evidence of a decline in carnivore and prey populations was trusted!

Se confiaba en la técnica. Se confiaba en el equipo. Por tanto, ¡se confiaba en la evidencia de un declive en las poblaciones de carnívoros y presas!

A technique that was new to the region just a decade before was now trusted to provide reliable and accurate information on the region's biodiversity.

Se confiaba en una técnica que era nueva en la región apenas una década antes y que ahora se proporcionaba información confiable y precisa sobre la biodiversidad de la región.

So, in 2018, Trains work led to immediate policy changes!

Entonces, en 2018, ¡el trabajo de Train condujo a cambios inmediatos en la política!!

Something that extends beyond what Karen ever dreamed the work of a detection dog could do.

Algo que se extiende más allá de lo que Karen jamás soñó, respecto de lo que el trabajo de un perro detector podría lograr.

This went beyond a detection dog locating samples from target species, developing species-specific conservation strategies, or even modeling biological corridors.

Esto fue más allá de que un perro detector localizara muestras de especies objetivo, desarrollara estrategias de conservación específicas para cada especie, o incluso hasta modelara corredores biológicos.

The technique of detection dogs, thanks to Train, led to the formation of an elite group of park guards tasked with controlling the illegal harvest of the biodiversity in Misiones.

La técnica de perros detectores, gracias a Train, llevó a la formación de un grupo de guardaparques élite encargados de controlar la caza ilegal de la biodiversidad en Misiones.

This was a FIRST for the region and the work of these park guards has led to dramatic changes in the few short years it has been in place.

Esto supuso un PRIMER hito para la región, y la labor de estos guardaparques ha provocado cambios espectaculares en los pocos años que llevan funcionando.

13 – A Conservation Hero | 13 – Un Héroe de la Conservación

For Karen, Proyecto Zorro Pitoco, and the Ministry of Ecology, Train is a conservation hero.

Para Karen, el Proyecto Zorro Pitoco y el Ministerio de Ecología, Train es un héroe de la conservación.

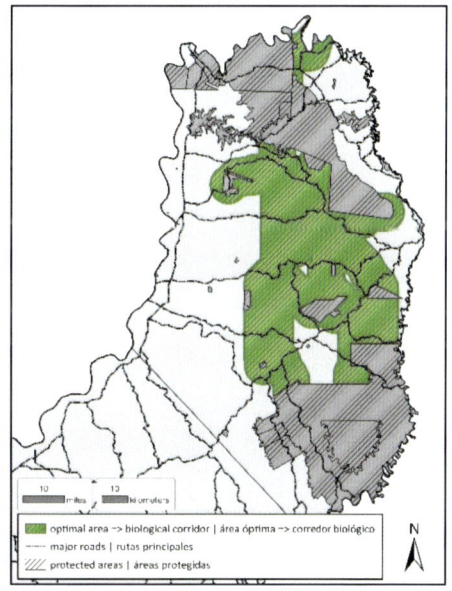

The data that Train collected in 2009, 2011, and 2013 on five carnivores allowed the team to model a multispecies biological corridor that, when made a reality, would double the amount of protected area in northern-central Misiones.

Los datos que Train recopiló en 2009, 2011 y 2013 sobre cinco carnívoros, permitieron al equipo modelar un corredor biológico multiespecies que, cuando se haga realidad, duplicará la cantidad de área protegida en el centro-norte de Misiones.

Train's work in 2016 and 2018 allowed new insight into how carnivores and the prey they depend on use a very complicated landscape between protected areas.

El trabajo de Train en 2016 y 2018 permitió obtener nuevos conocimientos sobre cómo los carnívoros y las presas de las que dependen utilizan un paisaje muy complicado entre áreas protegidas.

Train's work also generated land management strategies across the biological corridor that aimed to balance the needs of wildlife with those of the humans that coexist with them.

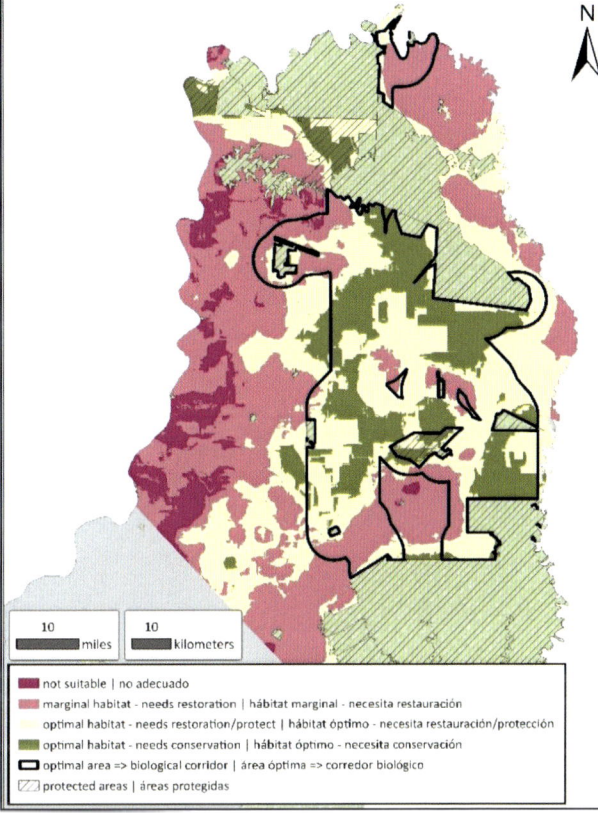

El trabajo de Train también generó estrategias de gestión de la tierra en todo el corredor biológico que apuntaban a equilibrar las necesidades de la vida silvestre con las de los seres humanos que coexisten con ellos.

However, his work went so much further.

Sin embargo, su trabajo fue mucho más allá.

His work provided the foundation for legal changes that would increase the protection of the nine species he looked for, plus so many others.

Su trabajo sentó las bases para cambios legales que aumentarían la protección de las nueve especies que Train buscaba, además de tantas otras.

Train had no idea that his work would be the foundation of Proyecto Zorro Pitoco, a project declared by the province as one of regional importance by the House of Representatives in Misiones.

Train no tenía idea de que su trabajo sería la base del Proyecto Zorro Pitoco, un proyecto declarado por la provincia como de importancia regional por la Cámara de Representantes de Misiones.

Train could never have imagined that his work would generate a model to make the Green Corridor of Misiones a reality.

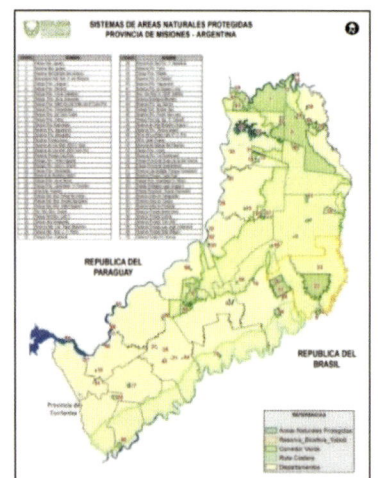

Train nunca podría haber imaginado que su obra generaría un modelo para hacer realidad el Corredor Verde de Misiones.

Train could never have thought his nose would generate a plan that the government presented at the 2017 United Nations Climate Change Conference, also known as COP23, in Bonn, Germany, as their approach to fight climate change in Misiones.

Train nunca podría haber dimensionado que su nariz generaría un plan que el gobierno presentar en la Conferencia de las Naciones Unidas sobre el Cambio Climático de 2017, también conocida como COP23, en Bonn, Alemania, como su estrategia para mitigar el cambio climático en Misiones.

Did Train ever picture himself as a conservation hero?

¿Alguna vez Train se imaginó a sí mismo como un héroe de la conservación?

It is doubtful. When Train was sitting in the Humane Society kennel, his only hope was to find a family to love him.

Es dudoso. Cuando Train estaba sentado en la perrera de la Humane Society, su única esperanza era encontrar una familia que lo amara.

How could he have ever seen that his future would involve plane rides to another country, searching for scat in exchange for a ball, and a giant extended family that stretched from the U.S.A. to Argentina and around the world?

¿Cómo podría haber imaginado que su futuro implicaría viajes en avión a otro país, en busca de caca a cambio de una pelota, y formar una gran familia que se extendía desde los Estados Unidos hasta Argentina y resto del mundo?

Train's high energy and play drive got him adopted into a world where his focus was on playing a game of find-and-seek, play time with his ball, cuddles after a long field day, and lots of friends every day.

La gran energía de Train y su afán por jugar hicieron que Train fuera adoptado en un mundo centrado en jugar el juego de buscar y encontrar, jugar con su pelota, acurrucarse tras un largo día de campo y hacer muchos amigos cada día.

There is no question or doubt that the work of Train has had a tremendous conservation impact in Misiones, Argentina. However, it has also extended way beyond the boundaries of this tiny province that makes up less than 1% of the country's total area.

No cabe pregunta o duda de que el trabajo de Train ha tenido un tremendo impacto en la conservación en Misiones, Argentina. Sin embargo, también se ha extendido mucho más allá de los límites de esta pequeña provincia que representa menos del 1% de la superficie total del país.

Train's work is a model for how other regions in the world that are facing similar conservation dilemmas can potentially gather their needed data.

El trabajo de Train es un modelo de cómo otras regiones del mundo que se enfrentan a dilemas de conservación similares pueden recopilar los datos necesarios.

Train's work shows that studies do not need to be restricted by the number of species one wants to study, the variety of habitats in an area, or even the presence of humans.

El trabajo de Train demuestra que los estudios no necesitan por qué estar restringidos por el número de especies que se quieren estudiar, la variedad de hábitats en un área o incluso la presencia humana.

Train's work has shown how detection dogs can allow conservation questions to be answered on a scale many may think is impossible.

El trabajo de Train ha demostrado cómo los perros detectores pueden permitir responder a preguntas de conservación a una escala que muchos podrían considerar imposible.

Train work has showed how detection dogs can fill the gap in cases where standard survey techniques fail. The ability of a dog's nose means they can cover a larger geographic area faster and more efficiently than humans can with their eyes.

Train ha demostrado cómo los perros detectores pueden llenar el vacío en los casos en que las técnicas de muestreo estándar fallan. La capacidad de la nariz de un perro le permite cubrir un área geográfica más grande con mayor rapidez y de manera más eficiente que los humanos con su vista.

A detection dog can be trained to locate multiple target species and ignore nontarget species.

Un perro detector puede ser entrenado para localizar múltiples especies objetivo e ignorar las que no lo son.

Because detection dogs use their nose, how the sample looks or where the sample is located is not important, as they are just looking for that odor, as it means, the ball, the ball, the ball.

Debido a que los perros detectores utilizan su olfato, el aspecto de la muestra o el lugar dónde se encuentra no es importante, ya que sólo buscan ese olor, lo para ellos representa la pelota, la pelota, la pelota.

While Train, the big brown monster, saw a day at work as a fun day in the field surrounded by friends and playtime with the ball, the rest of the world today sees a true conservation hero!

Mientras que Train, el gran monstruo marrón, veía un día de trabajo como un divertido día en el campo rodeado de amigos y jugando con la pelota, ¡el resto del mundo hoy ve a un auténtico héroe de la conservación!

Thank you, Train!   ¡Gracias, Train!

Your huge footprints will remain forever in our hearts and in the tierra colorada of the Selva Guaraní.

Tus enormes huellas quedarán por siempre en nuestros corazones y en la tierra colorada de la Selva Guaraní.

In 2023, the Ministerio de Ecología dedicated a statue to Train in gratitude for his work supporting conservation efforts in Misiones, Argentina. The statue is located in the beautiful Urugua-í Provincial Park next to the Uruzú River.

This tribute was expanded in 2024 when the Northumberland College Zoo, in the UK, declared the 21st of October as 'World Bush Dog Day'.

En 2023, el Ministerio de Ecología dedicó una estatua a Train en agradecimiento a su labor en favor de los esfuerzos de conservación en Misiones, Argentina. La estatua se encuentra en el hermoso Parque Provincial Urugua-í al lado del Río Uruzú.

Este homenaje fue ampliado en 2024 cuando Northumberland College Zoo, en el Reino Unido, que declaró el 21 de octubre como el 'Día Mundial del Zorro Pitoco'.

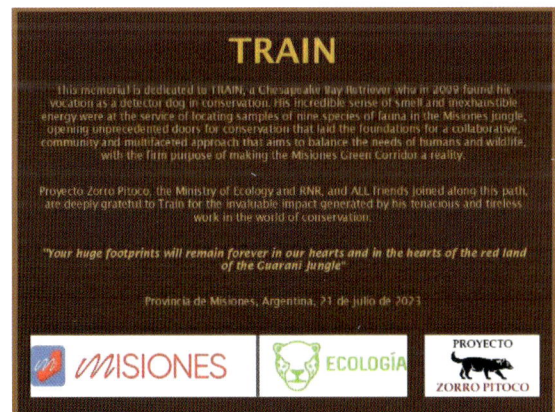

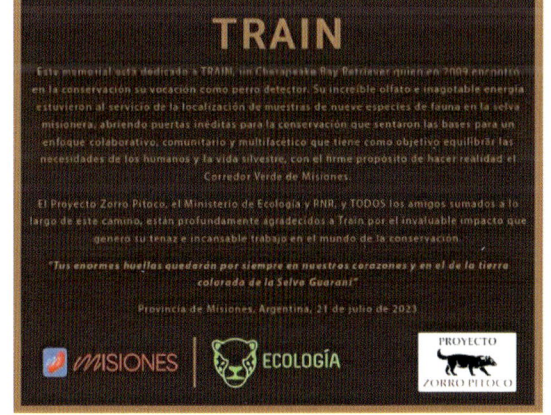